Shanqu Gonglu Changxiapo Bixian Chedao Shezhi

山区公路长下坡避险车道设置

yu Sheji Jishu Zhinan

与设计技术指南

主　　编　赖世桂

副 主 编　张渭庭　胡昌斌　陈永明

主编单位　福建省龙岩市公路局

　　　　　福州大学

人民交通出版社股份有限公司

China Communications Press Co.,Ltd.

内 容 提 要

本书基于山区公路长下坡路段制动床型避险车道的设置与设计方法研究编制，具体内容包括：避险车道的分类、山区公路交通安全与避险车道技术特点、长下坡路段载货汽车制动系统热衰退机制与制动片温升规律、避险车道必要性与选址、避险车道综合设计、附属设施、避险车道运营与养护管理等。

本书可供交通工程、道路工程领域的科技人员，公路工程领域的从业人员及相关专业的高等院校师生参考。

图书在版编目(CIP)数据

山区公路长下坡避险车道设置与设计技术指南/赖世桂主编. —北京：人民交通出版社股份有限公司，2016.5

ISBN 978-7-114-12990-2

Ⅰ.①山… Ⅱ.①赖… Ⅲ.①山区道路—车道—坡道—设计—指南 Ⅳ.①U412-62

中国版本图书馆 CIP 数据核字(2016)第 090168 号

书　　名： 山区公路长下坡避险车道设置与设计技术指南
著 作 者： 赖世桂
责任编辑： 郑蕉林
出版发行： 人民交通出版社股份有限公司
地　　址： (100011)北京市朝阳区安定门外外馆斜街 3 号
网　　址： http://www.ccpress.com.cn
销售电话： (010)59757973
总 经 销： 人民交通出版社股份有限公司发行部
经　　销： 各地新华书店
印　　刷： 北京市密东印刷有限公司
开　　本： 880×1230　1/16
印　　张： 6.25
字　　数： 145 千
版　　次： 2016 年 7 月　第 1 版
印　　次： 2016 年 7 月　第 1 次印刷
书　　号： ISBN 978-7-114-12990-2
定　　价： 25.00 元
(有印刷、装订质量问题的图书由本公司负责调换)

前　言

避险车道(Truck Escape Ramps,TER)是改善公路连续长下坡路段交通安全的一种有效工程措施。制动床型避险车道是其中应用最广泛的一类,因其技术简单、容易维护、工作有效等优点,自1998年北京八达岭高速公路设置了国内第一条避险车道以来,在我国发展迅速。据不完全统计,截至2010年,全国已建成制动床型避险车道总数量超过180条,遍及北京、甘肃、福建、云南、河南、山西、河北、新疆、广东、陕西、湖南、广西、青海、浙江等省(自治区、直辖市)。十几年来,制动床型避险车道的设置为我国长下坡路段交通安全改善做出了重要贡献。

但在十几年的应用过程中,我国避险车道的设置与设计也显现出一些问题。具体表现为:设置长度不够、坡度过陡、宽度不足,服务车道设置不合理,避险车道与主线交角过大,没有足够长的引道,辅助安全设施设置不合理,连续设置多条避险车道无车去避险等,直接影响了避险车道避险效果的发挥和充分利用,亟须研究改善。

目前避险车道技术引入我国的时间还较短,很多方面的认识还不深入,也还需要开展更深入的理论和技术研究。开展技术创新,提出明确的全过程分析的计算方法和设计理论,提出受限于经济地形条件的关键性技术指标,明确我国山区公路长下坡路段的道路、交通、驾驶员行为的特性,修正目前避险车道的设计方法,这些都是我们需要努力的方向。

福建省三面环山,一面临海,境内峰岭耸峙,丘陵连绵,普通公路和高速公路多为山区公路,受地形地势影响,公路坡陡弯急、长大下坡等不利线形普遍。一直以来,福建省山区公路的交通安全形势并不乐观。特别是近十几年来,随着社会经济的快速发展,福建公路交通量、载货汽车比例增长迅猛,直接导致以往一些道路线形受限路段的交通事故率陡增,严重威胁道路的运营安全。

鉴于以上问题,从2007年开始,福州大学道路工程课题组与龙岩市公路局多年持续合作,以福建山区公路避险车道实际工程为依托,开展了“山区公路长下坡避险车道设置与设计方法”课题研究。通过学习国外经验技术,开展实地调查研究,我们分析了我国山区公路长下坡路段交通安全和避险车道使用特点,对避险车道设置设计环节、技术细节要点进行总结和分析,并进行了大量室内试验和现场试验,开展了数字化和定量化分析理论研究。

为及时总结相关成果,特以“山区公路长下坡避险车道设置与设计技术指南”为题,撰写了本书。具体内容包括避险车道的分类、山区公路交通安全与避险车道技术特点、长下坡路段载货汽车制动系统热衰退机制与制动片温升规律、避险车道设置必要性与选址、避险车道综合设计、附属设施、避险车道运营与养护管理等。

本书研究是在福建省交通运输厅交通科技发展项目的立项支持下完成的，在研究过程中得到了各级领导和技术人员的指导和支持，龙岩市公路局张渭庭副局长、陈永明高级工程师，福州大学土木工程学院陈友杰副教授、卓曦博士、赖元文博士，道路工程课题组研究生吴艳、沈金荣、杨文沅、黄金龙、贾凌雁、阙文炜、蒋振梁等为课题开展都做了重要研究和技术工作。在此向以上相关领导、技术人员、老师、研究生们表示衷心的感谢。

本书在进行研究和总结过程中，参阅了大量国内外文献和资料，在书后尽可能一一引出，在此一并向这些文献资料的原作者表示衷心的感谢和敬意！限于时间和作者水平，本书的研究和总结还十分粗浅，难免出现错漏，还恳请专家和广大读者批评指正。

作　者

2016 年 2 月

目　录

第 1 章　避险车道的分类

1.1　避险车道分类

避险车道(Truck Escape Ramps,TER)是设置在路侧的,将制动失灵车辆分离出主线,利用重力、滚动阻力,或者两者的综合作用,通过能量转化,减慢失控车辆速度并使车辆安全停车的辅助车道。避险车道总体结构一般包括三大系统,即引导系统、减速消能系统和安全保护系统。各系统具体构成和作用如下:

(1)引导系统包括一系列的诱导、预告以及警示标志标线等。

(2)减速消能系统是避险车道的核心部分,该部分的作用就是试图用有效的耗能方法使车辆减速并在一定长度内安全停住。

(3)安全保护系统设在避险车道的末端,一般用沙堆或废旧轮胎等筑成保护装置,用以增加系统的安全保障。

避险车道一般由引道、制动坡床、服务车道及其他附属设施组成。附属设施包括端部防撞消能设施、救援地锚、交通标志和照明设施等(图 1-1)。

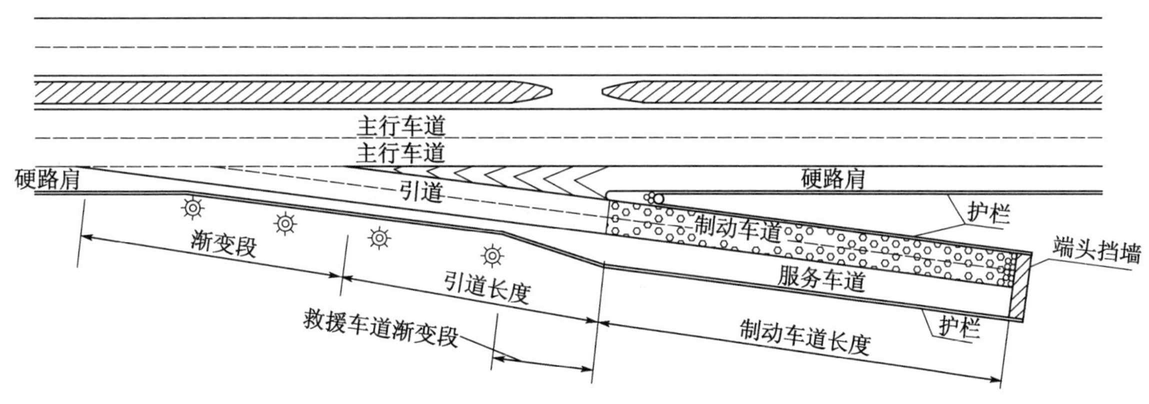

图 1-1　典型避险车道平面示意图

避险车道最早出现在美国,据说当时人们发现失控车辆经常冲出道路停在路旁废料堆上,或者冲到山上用于滚木的旧路上,由此道路工程技术人员受到启发。1956 年,第一条避险车道在美国加利福尼亚诞生。据 1990 年统计,美国有 27 个州使用了避险车道,数量达 170 条。

1998 年,北京八达岭高速公路设置了国内第一条避险车道,在一定程度上取得了减少恶性交通事故频繁发生的效果。随后避险车道的使用在国内发展迅速,据不完全统计,目前全国在北京、甘肃、福建、云南、河南、山西、河北、新疆、广东、陕西、湖南、广西、青海、浙江等省(自治区、直辖市)均设置了避险车道。近十几年来的工程实践表明,恰当的设置避险车道,在长下坡交通安全的事故预防和减少损失方面效果卓著。

避险车道按制动机制可分为重力型、沙堆型、制动床型和拦阻装置型四大类。

重力型避险车道有一个铺砌的路面和紧密压实的集料表面,主要依靠重力的作用使制动失灵车辆减速并停车,滚动阻力起的作用非常小。重力型避险车道通常较长、较陡,美国的经验长度为360~460m,易受地形限制(图1-2)。重力型避险车道的车损最小,但由于制动失灵车辆减速停车后会因为重力的作用滚回主线,在没有有效阻拦装置的情况下,容易造成折叠(牵引车与挂车折合的现象)。目前重力型避险车道在实际工程中已停止使用。

沙堆型避险车道由松散干燥的沙子堆砌而成,主要依靠松散的沙子提供的滚动阻力使制动失灵车辆减速停车,一般长度在60~120m。由于沙堆的减速特性非常剧烈,并且沙床极易在雨水浸泡下出现板结,性能易受到天气的影响,目前也已较少使用(图1-3、图1-4)。

图1-2 美国公路的重力型避险车道

图1-3 美国公路沙堆型避险车道的救险

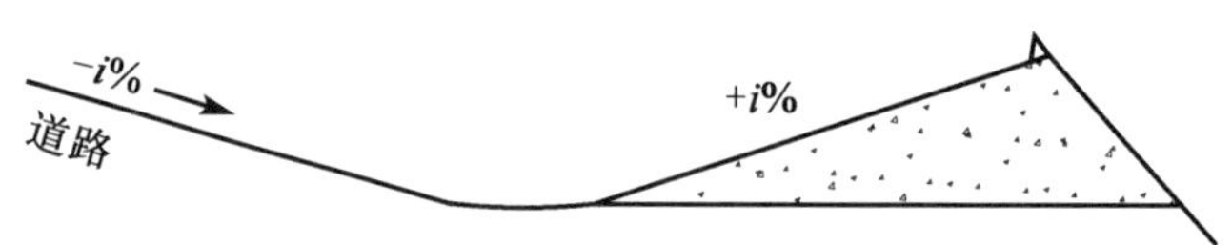

图1-4 沙堆型避险车道示意图

制动床型避险车道是目前使用最为广泛的一种类型。制动床表面为铺满松软砂砾的制动层,如图1-5所示。制动床型避险车道的原理是增加大型车辆的滚动阻力,把失控车辆的动能转化为重力势能和抵抗砾石沉陷壅高变形、飞散的能量,从而使车辆停下来,同时制动床的滚动阻力还能阻止大型车在停车后向后翻转,如图1-6所示。

制动床型避险车道按照坡度又可分为下坡型、水平型和上坡型。

下坡制动床型避险车道与主线平行并紧贴主线(图1-7),因为坡度阻力的方向与制动失灵车辆的运动方向一致,重力的影响不会帮助削减车辆的速度,所以这种类型避险车道的长度将更长。这种避险车道一般有一个易见的返回主线路径,以使那些质疑避险车道有效性的驾驶员感觉他们能以一个较低的速度返回公路主线。

a)

b)

图 1-5　某高速公路典型制动床型避险车道

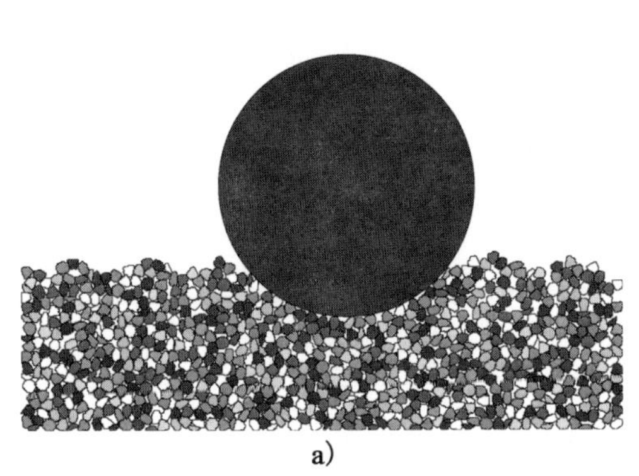

a)

b)

图 1-6　避险车道铺满沙石或松软砂砾的制动层

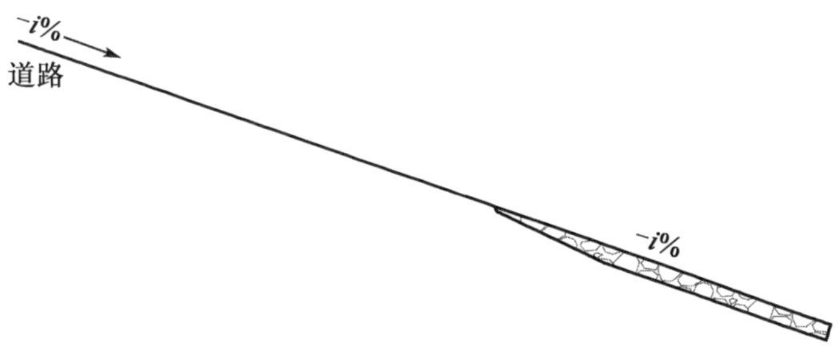

图 1-7　下坡制动床型避险车道示意图

如果地形能够容纳,水平制动床型避险车道是另一选项。它依靠制动床松散的集料提供滚动阻力使车辆减速并停车,重力的影响较小(图 1-8、图 1-9)。这种类型避险车道长度大于上坡型避险车道。

图 1-8　水平制动床型避险车道示意图

上坡型避险车道是使用最广泛的避险车道类型。由于坡度阻力的方向与制动失灵车辆的运动方向相反，所以这种类型的避险车道既利用了坡度阻力，同时也利用了制动床集料提供的滚动阻力使制动失灵车辆减速停车，因而所需的避险车道长度较短（图 1-10）。同时，松散的集料使得制动失灵车辆在安全停车之后能停在避险车道制动床中。

a)

b)

图 1-9　美国亚利桑那州水平制动床型避险车道

图 1-10　上坡制动床型避险车道示意图

拦阻装置型避险车道是近年来发展的新型避险车道类型。主要是应用于山区地形条件有限，避险车道无足够空间展线的情况，主要为网索拦阻型。具体将在下一节介绍。

1.2　新型避险技术

1.2.1　网索式避险车道

针对山区地形条件有限、避险车道无足够空间展线的现实问题，近年来有研究提出网索式避险车道（图 1-11）、橡胶空腔强制减速车道等新的防护设施和避险类型。

a)

b)

图 1-11　美国网索式避险车道

网索式避险车道是一种新型的避险车道设计，其在传统避险车道上增设了网索吸能系统，或者是只采用网索吸能系统。

网索吸能系统主要由防护网、传力索、转向定滑轮和阻尼器组成。拦截网索和阻尼器组成网索—阻尼器消能减速系统，拦截网两侧通过钢丝绳与阻尼器的卷筒相连接，阻尼器筒内填充一定埋深的集料。失控车辆冲入避险车道触网后，由钢丝绳将冲击力传递到阻尼器，钢丝绳牵引阻尼器主轴与卷筒旋转，使阻尼器集料筒与主轴连接的搅拌臂在集料中旋转，从而产生阻尼力吸收能量。钢丝绳导向辊子起到限制阻尼器出绳方向和微调拦截网位置的作用。

拦截网索由横向钢丝绳和竖向钢板支架组成，两端用槽型钢与阻尼器的钢丝绳相固定。拦截网受力主要是横向拉伸，竖向采用钢板抱箍的形式连接，碰撞过程中不会由于局部受力不均导致网索破断，出现受力薄弱点。钢板碰撞后可以随车体形状变形，抱箍可在绳索上滑动，不影响拦截网的受力特性。

网索式避险车道的工作过程为：车辆进入避险车道后，车体下部的车轮与路床产生滚动阻力强制车辆减速，车体上部车前脸碰撞防护网，防护网带动传力索随车辆前行，传力索拉动阻尼器转动，阻尼器通过制动片摩擦或搅拌臂搅拌提供拦截阻力。拦截阻力和滚动阻力共同作用吸收制动失灵车辆的动能，直至车辆停下。图1-12、图1-13为网索吸能系统的结构组成和工作示意图。

图1-12　美国的网索式避险车道

通过在传统避险车道结构基础上增加网索吸能系统来增加避险车道的阻尼力，可有效缩短避险车道的设计距离、降低车辆冲出避险车道的事故概率，同时由于网索吸能系统对于车辆阻尼力的作用点约位于保险杠位置，使得网索避险车道总体阻尼力对于车辆的作用点上移，有效降低车头绊阻的事故概率，提高了避险车道的安全性，减少人员伤害及车辆损坏。

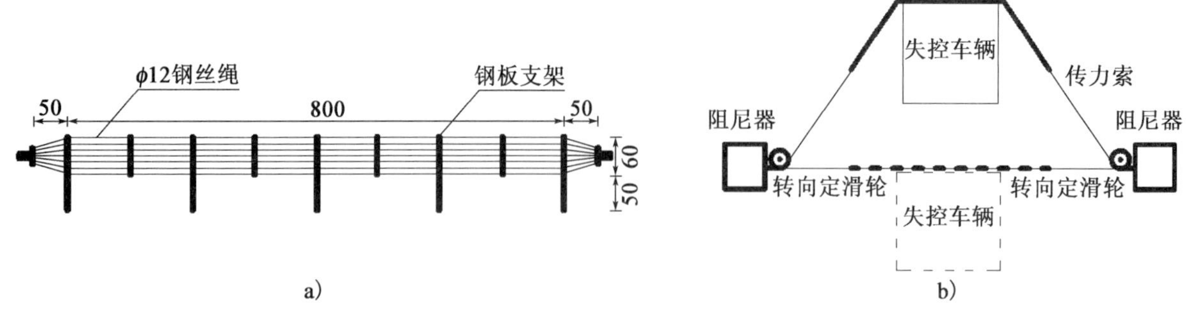

图 1-13　网索吸能系统的结构组成与工作示意图(尺寸单位:cm)

a)结构组成;b)工作示意图

针对不同车辆质量和速度组合情况下的连续长下坡失控车辆防护要求,网索式避险车道通过调整网索两端阻尼器的阻尼力、网索布设的距离和道数,来缩短避险车道的设计长度。

1.2.2　消能减速护栏

路侧为陡崖、深沟等环境较险恶,避险车道难以实现的桥梁或高填方路段,护栏就成为避免失控车辆冲出路侧的唯一屏障。当车辆制动失灵时,驾驶员通过操作,使车辆与路侧护栏反复贴靠摩擦,可以实现车速降低。基于这个原理,国内科技单位经过仿真与实车碰撞试验设计了“消能减速护栏”,结构断面图如图 1-14 所示。

图 1-14　消能减速护栏的断面结构

实车试验结果表明,在路面标线引导下,驾驶员主动打转向盘向护栏贴靠碰撞,直至贴靠成功,是有效的减速方式。车辆与护栏一次贴靠碰撞,由于车体与护栏贴靠的摩擦作用,可使车速从 80km/h 下降到 73km/h。消能减速护栏一般最短连续设置长度应大于 400m,有条件地段宜大于 700m。每段消能减速护栏的止点处应设置端头保护措施,以防止失控车辆贴靠护栏后冲出路外造成严重事故。可将消能护栏止点延伸至较为开阔的路侧,并设置端头拦挡设施。

1.2.3　强制减速车道

强制减速车道是设置在长下坡路段的一条能使制动失灵或即将失灵车辆减速的专用车道(图 1-15)。它是通过在其路面上设置具有较大阻尼性能的减速垄,利用它给失控车辆阻力做功消能,以实现失控车辆减速。与避险车道相比,强制减速车道成本更低,不需额外拓宽车道,可设置在路侧硬路肩上,或与避险车道合用,设置在其过渡段上。当驾驶员感受到车辆制动功能严重降低或失灵时,可操纵转向盘进入强制减速车道。通过减速车道时,一方面使车辆的速度有所降低,另一方面不使用主制动器制动可使制动片温度有所降低,待制动功能部分恢复后,驾驶员可控制方向驶离减速车道,实现正常行驶。

图1-15 美国强制减速车道

目前有科研单位研发的橡胶减速垄(图1-16)应用到强制减速车道,其主要减速原理为:橡胶减速垄的阻力做功消能;车辆轮胎及橡胶减速垄在变形过程中的弹性迟滞吸能;橡胶减速垄与路面之间滑移摩擦消能。为使车辆从减速垄上经过时有较大的变形,减速垄要有一定空腔,称之为橡胶空腔减速垄。

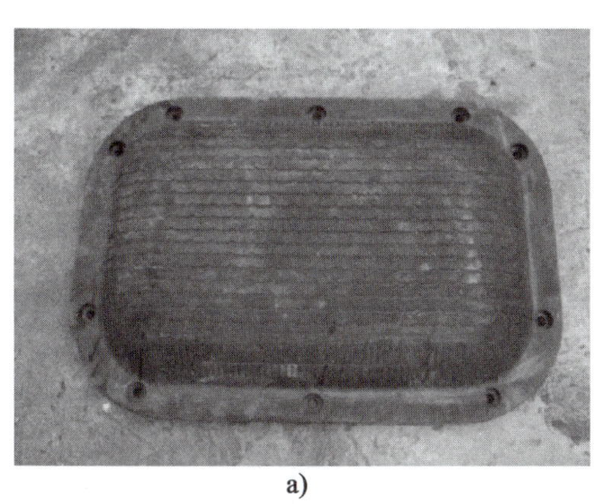

a)

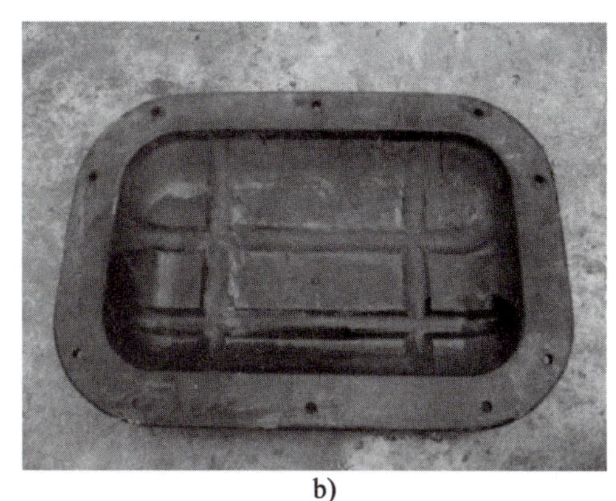

b)

图1-16 橡胶空腔减速垄成品

橡胶空腔减速垄硬度参考载重轮胎硬度值。厚度方面,减速垄顶面取25mm,由12层挂胶帘线构成,根部最厚的部位厚度为35mm,由顶面的12层挂胶帘线反包渐变过渡,胎冠厚度为20mm左右。为加强橡胶减速垄的强度,在内部增加3条横向和4条纵向半径为40mm的加强筋。减速垄的骨架层材料为尼龙66,与路面采用M16mm螺栓连接,间距取160~180mm。

试验表明,在横向间距选择1.8m、纵向间距选择1.3m、顶高距路面高度为13.5cm、安装方向与车行方向垂直布设方式下,其减速性能和安全性能均满足目标要求。通过对橡胶空腔减速垄布设方式进行优选,可以达到设置强制减速车道的预期目的(图1-17)。

a)

b)

图 1-17　橡胶空腔减速垄工程实例

避险车道的类型需与所设置位置的环境和地形相协调。按照相对于道路的路侧位置,避险车道又可分为左侧避险车道和右侧避险车道两类。专用公路均在右侧设置避险车道,而对于普通公路,由于受到地形限制,同时对侧上坡路段车辆车速较低,因此有时可以根据具体情况在道路左侧设置避险车道,如图 1-18 所示。

a)

b)

图 1-18　左侧避险车道

1.3　避险车道设置与设计的一般原则

实践表明,避险车道及与之对应设置的标志、管理设施(如在坡顶设置大型车辆制动检查站和休息区)可有效减少交通事故的发生,特别是可以减少载货汽车的失控事故率,以及因之诱发的重、特大交通事故带来的过大人员伤亡及财产损失。

一条设计合理的避险车道一般需要满足以下四个功能:

(1)位置设置恰当,保证失控车辆能被及时合理地救助。

(2)保证失控车辆能顺利地进入避险车道,并有足够缓冲空间。

(3)保证失控车辆在避险车道内获得足够的消能后平稳停住。

(4)使失控车辆和人员在避险车道内能得到安全、有效的救助。

避险车道的工程设计内容一般包括:避险车道设置的必要性判断,避险车道设置的位置选址,避险车道的综合设计三个方面。

第2章　山区公路交通安全与避险车道技术特点

2.1　山区公路交通特点

调查显示，受制于山区特殊的地形约束、经济条件和勘测技术水平，我国山区公路线形条件、交通管理、车辆条件相比国外发达国家有很大的差距，容易诱发交通事故。

2.1.1　山区公路线形不利特点

(1)山区公路线形等级不高、弯道多、半径小

山区公路受地理条件的约束，不可避免地要设置弯道。过多的弯道会使驾驶员操作过于频繁，有时会因操作不当或稍有疏忽从而导致交通事故。根据我国对公路交通事故率与弯道个数关系的统计分析可发现，单位长度的弯道个数即弯道密度与事故率有很强的相关关系。同时研究发现，不同半径的平曲线对应的交通安全水平不同。随着平曲线半径的增大，事故率降低；随着平曲线半径的减小，事故率则增加；当平曲线半径小于1000m时，随着半径的减小，事故率急剧增加。美国道路安全设计指南通过大量统计数据得出这样的结论：双车道公路随着平曲线半径的减小，事故率呈增加趋势，当半径小于400m时事故剧增。

(2)山区公路长大下坡路段多

国内外的研究一致认为，道路纵坡对交通安全的影响非常大，尤其当坡度比较大时，事故率明显增大。下坡坡度主要受到下坡制动安全影响，其取值与事故率有密切关系。有研究显示：下坡坡度在0%～2%之间较安全；当下坡坡度大于4%时，事故率明显要高于平均事故率；当下坡坡度大于7%时，事故率突变。下坡坡长对交通安全的影响依赖于坡度，对坡度的影响有加强或削弱作用：同样的纵坡坡度下，汽车的爬坡能力和制动性能在坡长较短的路段能够适应，但在坡长较长的路段却往往不能适应。长陡坡造成加速度积累，频繁制动，从而使车速过高而诱发事故；坡度过长也易使驾驶员对坡度判断失误，在长大下坡路段连接一个缓下坡，易使驾驶员误认为下一路段坡度为上坡而加速，从而导致超速行驶。在这样的情况下，长下坡路段对于大中型车辆的行驶安全是一个很大的考验。

(3)山区公路视距不良

在公路设计中，行车视距是一项综合指标，它与公路的平面、纵剖面、横断面及景观设计有非常密切的联系。在山区公路中，因地形、构筑物等诸多因素的影响有时需要采用《公路工程技术标准》(JTG B01—2014)规定的最小值，视距条件往往得不到保证，容易引

起交通事故。

在竖曲线上发生的交通事故通常是由于视距不足造成的，因此竖曲线的半径对行车安全有很大影响。当竖曲线半径过小时，在行车视距上有两个缺陷：①当汽车行驶到凸形竖曲线近顶部时，其视距有可能小于安全停车所需距离。这就要求驾驶员必须将运行速度控制在实际视距允许的范围内，否则，就有可能因视距过小而发生事故。②当汽车夜间在小半径凹形竖曲线上行驶时，因车头灯照距短、视距小，同样应降低运行速度，否则就有可能因视距小于安全停车所需视距而发生事故。事故率一般随视距的增加而降低。

（4）山区公路路基填挖量大、结构物多，路面识认性不好以及边坡复杂

山区高等级公路不管横向还是纵向，填挖量都很大。横向填挖产生半填半挖路基，会产生很多路侧安全问题。山区公路边坡问题体现在：边坡可能会影响视距，边坡病害直接导致交通事故，边坡会加剧事故严重度。山区公路桥梁、隧道等结构物多，“桥头跳车”对行车安全产生不利影响。驾驶员在桥头前会被迫制动减速，使车轮不均衡受力甚至偏离行车轨迹；使得车辆颠簸，同时对驾驶员产生不利的心理、生理影响，甚至影响正常的驾驶行为。研究表明，公路隧道出口亮度的急剧变化，会造成驾驶员明暗适应困难，易产生视觉障碍，影响驾驶员对隧道出口交通标志的准确认知，严重时甚至导致交通事故。

（5）山区公路夜间照明匮乏

驾驶员通过感觉器官接收信息驾驶车辆，但我国山区公路夜间照明匮乏，由于夜间环境照度的降低，刺激物出现在人的视野中以及人们辨别各种颜色物体的感知都会发生变化，其观察效果也随之变化。在危险路段行驶，危险路段会有一系列的警示标志，在没有照明条件下，如果车辆本身的照明系统较差时，人对这些标志识认性就会受到限制。长下坡路段的一些防护措施如果在夜间没有被驾驶员发现，就会发生很多本可以避免的事故。

2.1.2 道路交通车辆不利特点

（1）车辆性能不同、差异大

在我国山区公路上行驶着多种不同类型的车辆，有小型载货汽车、大型载货汽车、小客车、大客车、摩托车及各类专业车辆等，各种车辆性能差别大，不同品牌和型号的车都有自己特定的、作为车辆性能重要指标之一的最高允许车速。小客车车速一般比其他车辆快。在高速公路路段尤其在山区高速公路上坡路段，载货汽车的运行车速比平缓路段有很大降低，而小客车的运行车速则几乎不受影响。此时，载货汽车与其他车型之间的运行车速差进一步增大，极易诱发交通事故。

（2）重载、超载严重

近年来随着我国经济的迅速发展，公路交通总量在逐年增长，尤其是重载交通量及其比例增长速度快，也是交通事故频发的一个重要推动原因。

随着我国货运向大型化、重载化方向发展，其对道路交通安全的负面影响也越来越明显。这种影响表现在载货汽车与其他车型之间实际运行车速的差别不断增大，以致影响道路的通行能力和运输的灵活性及运输效率。尤其是超载，不仅影响车辆运输效能，也显著影响到车辆的制动性能。由于超载，车辆制动时的制动力和车辆与路面间的摩阻力不

足以在原有时间内克服车辆的惯性力，使制动减速度小于预定值。特别是目前许多改装车辆，普遍加高车厢槽帮，增加车辆载重能力，但是车辆实际制动能力没有提高。同时很多车辆修理厂给载货汽车更换一些不正规的制动片，这样在长下坡路段时，车辆制动发热还没达到临界温度制动性能就开始失效，从而引发交通事故。

2.1.3　山区公路驾驶行为特点与事故诱因

我国以往道路设计方法以设计速度为核心。采用设计速度作为设计指标，实质上规定了道路设计最低限度应该采用的指标，但对采用高于设计速度所对应的指标却没有限制。这样易导致各技术指标取值不合理、相互组合不协调、高低指标之间无过渡等问题，很难实现公路线形的均衡性和连续性，使车辆运行速度忽高忽低，产生速度突变，极易引发交通事故，特别是对于外地驾驶员，在对山区公路的地势、线形、隧道等路况不熟悉或产生不适应的情况下，行驶过程中稍不注意就会引发交通事故，且损失惨重。

在驾驶员的行为方面，从汽车行驶理论分析，大型车辆在长下坡段应使用低挡位，采用发动机辅助制动来平衡车辆自重带来的下坡力，以减轻其行车制动器的负荷强度。但实际调查发现，驾驶员在山区道路上行驶，违章操作（挂高挡位）、超速行驶是导致交通事故的主要原因。目前对车辆制动运营行为和驾驶员驾驶行为研究仍然欠缺，给道路安全评价和技术保障埋下安全隐患。

2.2　载货汽车鼓式制动系统与辅助制动系统

载货汽车在山区公路行驶时，需要经常下长坡，为了在下坡时保持稳定的运行速度，驾驶员不得不频繁地使用连续制动措施。在只有行车制动系统的情况下，这种连续制动措施不仅大大增加制动蹄片的磨耗，更会由于热衰退效应造成制动性能下降甚至失效，造成车辆失控的危险。因此，保障载货汽车制动系统具有良好的性能十分重要。

2.2.1　载货汽车鼓式制动系统

载货汽车制动系统一般包括行车制动系统、辅助制动系统、驻车制动装置和应急制动装置。载货汽车行车制动系统按照功能装置中能量的传输方式可分为液压制动系统和气压制动系统。常见的行车制动系统有鼓式和盘式两种，我国大多数载货汽车和挂车的制动系统采用鼓式气压制动系统。

图 2-1 所示为一种简单的鼓式气压制动系统。主要由旋转部分（固定在车轮轮毂上和车轮一起转动的制动毂）、固定部分（制动蹄和制动底板等）和张开机构（复位弹簧等）组成。制动系统不工作时，在复位弹簧的拉力作用下，制动蹄与制动毂内圆表面留有一定大小的间隙，制动毂可以随车轮自由转动。当驾驶员踩下制动踏板时，产生制动控制阀输出与踏板行程相匹配的气压力，经过气管的传输输入制动气室，由制动气室将气压能转化为机械能，带动制动凸轮旋转，进而推动两制动蹄绕各自的支承销转动，制动蹄上的摩擦片将压紧在制动毂的内圆表面上，这时不转动的制动蹄对旋转的制动毂作用一个与其转

动方向相反的摩擦力矩。由于制动力矩的作用,使车轮对地面作用着一个向前的圆周推力,同时地面也对车轮作用着一个向后的反作用推力。这个反作用推力是使汽车制动的外力,称作制动力。制动力经车轮、车桥、悬架传给车架、车身,迫使汽车减速。

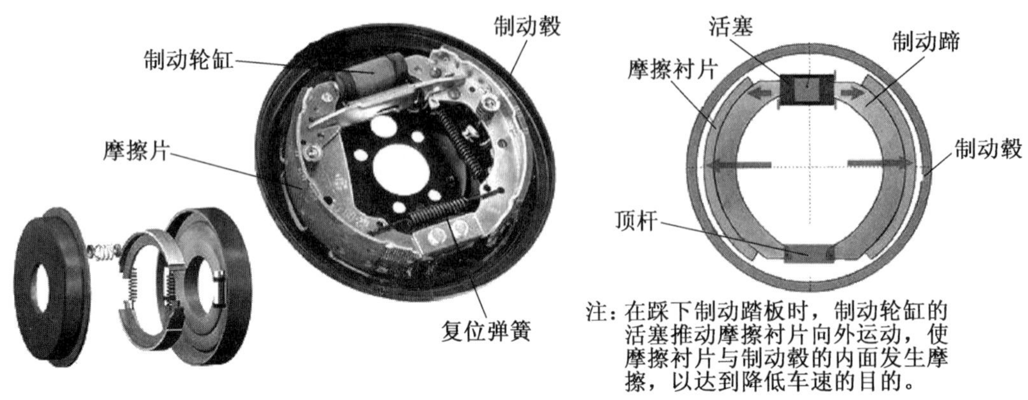

图 2-1　鼓式气压制动系统

制动踏板在驾驶员不同踏板力的作用下,通过制动控制阀输出不同压力的压缩空气,可以得到不同的地面制动力,进而获得不同的制动效果。制动效果还受到轮胎与地面附着条件的限制。

2.2.2　制动器淋水降温装置

山区公路交通事故的统计结果表明,相当大部分的交通事故是由于汽车连续下坡后主制动器温度过高而失去或部分失去制动能力造成的。因此对于中型、重型载货汽车和大客车来说,在连续下坡时仅采用主摩擦制动器是难以满足制动要求的。在这样的情况下,一般会给车辆安装淋水降温装置,即在车上加装一个水箱,各车轮的轮毂外面安装喷头,将水引到轮毂上(图 2-2a),在下坡行驶时转动开关,将水通过喷头淋到车轮制动毂上,使制动毂温度保持在具有有效制动力的范围内,以保证连续下坡时的车辆制动安全性(图 2-2b)。

a)

b)

图 2-2　汽车制动器降温淋水装置

但是用淋水的方法对制动毂冷却存在以下几个缺陷:

(1)在喷水冷却不均匀时,轮毂会由于局部应力过大而破裂,使制动毂损坏,造成经济损失。

(2)在冬季山路行驶时冷却水流到地面上,直接影响到后续车辆的行驶安全性。

这些都给事故多发埋下了隐患。特别是一些平原地区的车辆驾驶员没有在山区公路行驶的经验,更没有给车辆安装相关的辅助制动和降温装置,或者是外省对路况不熟的车辆,在跨省山区行驶时往往由于长大下坡的制动失效直接诱发事故。据福建省的统计,长下坡路段事故车辆 75% 为外地载货汽车。

2.2.3　辅助制动系统

为提升汽车的制动性能,欧美国家早在 20 世纪 40 年代就开始在行车制动系统之外采用辅助制动措施。20 世纪 70 年代,欧洲国家通过立法,强制要求重型载货汽车安装辅助制动系统。我国在改革开放以后,随着汽车工业和汽车运输业的发展,相当多的重型载货汽车也安装了辅助制动系统。常见的载货汽车辅助制动系统装置有发动机缓速器、发动机排气制动装置、电涡流缓速器、液力缓速器等。

无论是何种辅助制动装置,都能够以某种方式较平缓和连续地消耗车辆行驶的动能。合理的使用辅助制动系统能够使车辆以安全速度稳定行驶,有效克服甚至避免行车制动系统在连续或频繁使用时的热衰退问题。使用辅助制动装置,能够有效提高载货汽车在山区公路或其他需要频繁制动的道路上行驶的安全性,并大幅度降低行车制动蹄片的磨耗,延长行车制动系统的使用寿命。

发动机制动是利用进排气过程、压缩过程消耗能量以及驱动发动机附件(如冷却风扇、配气机构等)消耗的能量来吸收汽车运行过程中的动能的一种方法。排气制动是在发动机制动吸收能量的基础上,在排气管路中安装一个制动阀,当排气制动需要工作时,关闭阀门,阻止气缸中排出的气体向外流动,使排气门后面的背压增大,进一步增大排气阻力,使制动力矩增加的一种方法。

发动机制动和排气制动作为持续制动的两种形式,其优点是:不增加汽车的总质量;传动轴的受力不增加或增加比较小;汽车的制造成本增加很少或不增加;可以延长主制动器制动蹄片的使用寿命;不需要为散去制动能量转化成的热量另加散热装置;操作以及维护保养简单。缺点在于:制动力矩比较小;制动力矩随变速器挡位的变化而变化,在低挡时制动扭矩大,但汽车行驶速度比较低,而高挡时车速提高,但制动力矩减少;制动过程噪声比较大;制动力的大小不可调整(对于排气制动理论上制动力可调,但实现比较困难,所以一般作为不可调使用)。

虽然发动机制动和排气制动具有上述缺点,但是在成本和操作方面的优势,使它在低、中、高档大客车上都被广泛应用。发动机制动和排气制动只适应于坡度比较小的坡道上的下坡行驶。在山区道路上连续下坡行驶时,有些区段坡道坡度很大,仅采用发动机制动和排气制动无法满足要求,必须采用缓速器作为主要持续制动系统或作为辅助持续制动系统与发动机制动、排气制动联合作用。

缓速器主要有电涡流缓速器、液力缓速器等。电涡流缓速器的基本原理是转子在磁场中转动时形成涡电流,而涡电流在流动过程中不断转化成为热量。这些热量通过对流和辐射的方式散发到周围的环境中,消耗和转化汽车的动能,起到制动的作用。液力缓速器的基本原理是通过转子旋转带动液体转动，使液体的动能增加，然后冲击定子上的叶片，造成动能损耗并转化成为热能，来消耗汽车的动能，起到了制动的作用。

从缓速器、发动机制动和排气制动下坡能力对比试验中得到，当车速为最高速度的60%时，发动机制动的稳定下坡坡度为2.6%，排气制动可达到4%，而利用不同的缓速器可达到7%。反之，如果下坡坡度为7%，则利用发动机制动，稳定下坡的车速为最高车速的7%，排气制动为19%，而缓速器可以达到60%。缓速器也存在一定的缺点：①使汽车的装备质量增加，相应减少了装载质量。②缓速器工作时传动轴受力比较大。③使汽车的成本和价格增加。液力缓速器目前的价格在10万元人民币左右，而电涡流缓速器目前的价格随着生产厂家的不同为几万元人民币不等，由于价格原因在我国普通车辆上推广比较困难。

2.3 制动片

在汽车的制动系统中，制动片是最关键的安全零件（图2-3）。制动片一般由钢板、黏接隔热层和摩擦块构成。摩擦块由摩擦材料、黏结剂组成，制动时被挤压在制动盘或制动毂上产生摩擦，从而达到车辆减速制动的目的。一般来讲，高性能制动片材料的基本性能一般要符合以下要求：

（1）合适的摩擦系数。制动片摩擦系数必须适中，如果摩擦系数低于0.35，制动时就会超过安全制动距离甚至制动失灵，如果摩擦系数高于0.40，制动容易突然抱死，出现翻车事故。博世安全型制动片的摩擦系数是0.39，很好地满足了系数适中的要求。

（2）可靠的稳定性。汽车高速行驶或紧急制动时会产生瞬时的高温，在高温状态下，制动片的摩擦系数会下降，称为热衰退。制动片抗热衰退性能的好坏决定了汽车制动的安全性，所以制动片必须有适中且稳定的摩擦系数。

（3）满意的舒适性。舒适性是摩擦性能的直接体现，包括制动感觉、噪声、粉尘、异味等。在舒适性指标中，驾驶员往往最关心的是制动片的噪声情况。

（4）合理的寿命。使用寿命是大家普遍关注的产品指标。正常行驶的车辆，前制动器制动片寿命为3万km，后制动器制动片的使用寿命为8万km。

a)

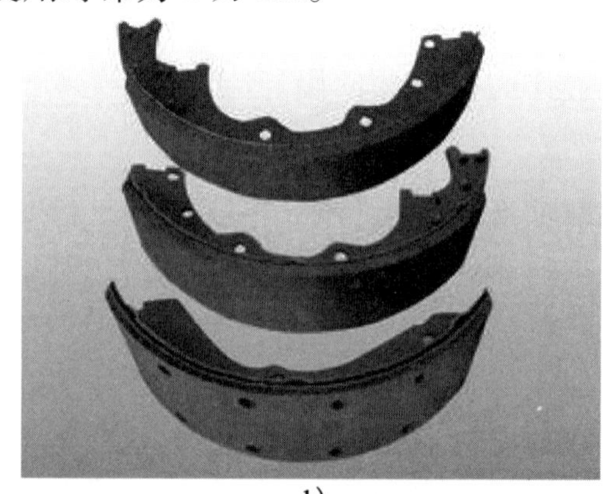

b)

图2-3 汽车制动片

高性能的制动片与高性能的材料设计密切相关，以下就简单阐述一下汽车制动片的黏结剂、增强纤维、摩擦性能调节剂、填料应用这些组分对制动片性能的影响。

（1）黏结剂

黏结剂的主要作用是将制动片的各组分紧密黏结在一起，保持制动片在高温机械作用下的结构完整性。制动片中最常使用的黏结剂是酚醛树脂，它具有优异的耐热性能和机械性能，电绝缘性和成型加工性能良好，且原料易得，价格便宜，工艺及生产设备简单。但纯酚醛树脂的使用会造成制动片硬度过高、脆性大，耐热极限温度仅约为250℃。当超过300℃时，热分解现象相当严重，会导致制动片的性能显著下降，因此必须对酚醛树脂进行增韧和耐热改性。

国外用到的改性树脂主要有COPNA树脂（分解温度400～500℃）、有机硅改性酚醛树脂、硼酸改性酚醛树脂、氰酯改性酚醛树脂（能耐350℃以上高温）、环氧改性酚醛树脂（在400℃下能正常使用）、热塑性聚酰亚胺树脂（耐热和耐磨性能都很好）、悬浮法树脂。研究发现，使用改性酚醛树脂的制动片各项摩擦性能（包括热衰退前的摩擦系数、热衰退后的摩擦系数、磨损率、损伤对偶件等方面）都要比使用传统酚醛树脂的制动片好；树脂、制动片的强度与磨损性能之间没有必然的联系。其中利用硼酸改性酚醛树脂制备出的制动片，在400℃的时候，仍然能保持较高的摩擦系数（在0.4以上）。

（2）增强纤维

目前我国石棉制动片在某些领域还占据着相当大的比例，尤其是在重型车制动片市场。与树脂、填料、摩擦性能调节剂相比，增强纤维更受制动片研究人员的关注。研究表明，好的纤维材料，可提高摩擦表面薄膜的耐热性和强度，改善制动片材料的摩擦系数稳定性、抗热衰退性能和耐磨损性，例如加入铜纤维可使摩擦材料拥有高而稳定的摩擦系数和很低的磨损率。

20世纪70年代摩擦材料开始向无石棉化发展，出现了各种石棉纤维的替代品，主要有陶瓷纤维、芳纶纤维、碳纤维、钢纤维、铜纤维、铝纤维、玻璃纤维、矿物纤维、纤维素纤维、钛酸钾晶须和海泡石纤维等。随着相关研究的深入，单一纤维增强摩擦材料性能不全面，存在着各种缺陷，而几种纤维混合在一起，性能可互补，发挥混杂效应，制备的摩擦材料性能优异。混杂纤维增强摩擦材料已成为近年来研究的热点。无石棉摩擦片是当今国际摩擦材料的换代产品，现在国产摩擦材料的无石棉化比例已达到50%以上，其他高端技术的新产品也在不断涌现。

（3）摩擦性能调节剂

摩擦性能调节剂是一类添加到摩擦材料中能改进摩擦系数和磨损率的物质，主要分为润滑剂和研磨剂两大类。添加润滑剂的主要目的是减小制动时摩擦系数的变化。常用的润滑剂包括石墨和各种类型的金属硫化物。金属硫化物被认为是比石墨更好的润滑剂，因为酚醛树脂黏结剂与石墨的低黏结强度不能满足现代汽车工业高效制动的要求，会加速摩擦材料的磨损，而金属硫化物不存在这个问题。研磨剂能增加摩擦材料的摩擦系数，但同时也会增加对偶件的磨损。它们可移除对偶材料上的铁氧化物以及制动时产生的有不利影响的表面膜，但高含量的研磨剂会增加摩擦系数的波动性。研磨剂主要是金属氧化物、石英粉和硅酸盐化合物的坚硬颗粒。

摩擦性能调节剂对摩擦材料的摩擦特性影响很大，增加润滑剂的含量可提高摩擦系数的稳定性，而增加研磨剂含量会增加摩擦系数的波动性，协调好制动摩擦材料中润滑剂与研磨剂用量非常重要。

(4) 填料

填料分有机填料和无机填料两大类。无机填料包括硫酸钡、碳酸钙、长石粉、云母、滑石、蛭石、高岭土和硅藻土等。硫酸钡和碳酸钙都是很常用的填料，能够提高摩擦材料的热稳定性，同时也能改善材料的热衰退性能，但在更高温度下，前者不如后者稳定。云母和蛭石是另外两种常用填料，具有平面网状结构，都能够抑制低频制动噪声，但蛭石在大约800℃时呈片状迅速剥落，云母在高温下耐磨性能很差。腰果壳油摩擦粉和橡胶粉都是常用的有机填料，有相似的性能，都有优异的黏弹性，因此常被添加到制动片中以达到降低噪声的目的。

随着科技的进步，汽车向高速、环保、节能、轻量化方向发展，这促使制动片向高性能化方向发展。但从目前的研究现状来看，仍然存在以下问题：

(1)黏结剂品种单一。在生产制动片用的所有原料中，对温度最敏感的就是树脂黏结剂，黏结剂耐高温性能的好坏直接决定了制动片抗热衰退性能的好坏，因此耐高温树脂的开发是研制高性能制动片的关键。目前制动片工业上使用的黏结剂大都是改性酚醛树脂，可选择的种类有限，无法满足制动片产品高性能化的发展要求。

(2)磨损机理问题。汽车制动片成分复杂，这使得它与对偶件之间的磨损也变得十分复杂。汽车紧急制动时，在高温和机械力的共同作用下，制动片与对偶件之间的界面处会发生诸如氧化、高温分解、颗粒化、爆裂融化、蒸发和升华等一系列物理化学变化，导致材料磨损。国内外在磨损机理方面做了大量研究，但是由于摩擦表面的复杂性，至今仍然没有形成一套成熟的理论。报道比较多的磨损机理主要有黏着磨损、磨粒磨损、疲劳磨损、热磨损，但究竟哪方面起主要作用，还有待进一步研究。

(3)热衰退问题。目前对制动片热衰退现象的研究主要集中在应用方面，如选用耐高温树脂、耐高温纤维、金属纤维、金属粉末等来提高制动片的抗热衰退性能。但要从根本上解决这个问题，还需要对热衰退机理作深入系统的研究。

特别需要指出的是，我国目前汽车制动片质量仍有待提升。强制性国家标准《汽车用制动器衬片》(GB 5763—2008)对制动片产品的摩擦系数、指定摩擦系数允许偏差、磨损率、外观、尺寸、标志等6个项目进行了要求。但2008年我国对一些地区的机动车制动器衬片和制动蹄的检查显示，批次合格率仅为65.5%。不合格项目主要为指定摩擦系数偏差、蹄块嵌件硬度、蹄块黏结剪切强度和标识标志。调查发现，一些不合格生产企业为牟取暴利，在摩擦材料配方中使用劣质的摩擦材料。各种汽车制动片是用碳粉、金属粉、耐磨粉等化工原料勾兑后加工而成，各种原料勾兑比例没有任何配比标准，也没有任何产品质量检测设备，产品质量根本无法保证。制动片的质量问题也直接给我国山区公路交通安全带来隐患。

2.4　山区公路长下坡交通事故特点与成因

2.4.1　事故特点

通过调查分析可以看到，山区公路长下坡路段交通事故有以下特点。

（1）从失事形态分析，长下坡路段载货汽车失事事故原因主要以制动片失灵引发汽车制动失效为主，主要是载货汽车在长下坡路段连续制动使制动器温度升高，引发热衰退而失效造成的。

（2）从驾驶员方面分析，事故多为外省或外地的驾驶人员，比例高达75%；分析认为主要是由于外地车辆驾驶员路况不熟，使其制动措施选择不当，增加了车辆主制动器发生热衰退从而制动失效的危险性。

（3）从道路方面分析，事故路段分布以长下坡为主，且集中在长下坡的后半段；事故多发段是与道路线形有关，而且是与平纵面组合设计有关；山区公路的连续的长大下坡公路及其采取的小半径曲线，将显著增加车辆制动失效几率。

（4）从车辆方面分析，多数事故为大型载货汽车，相当部分车辆存在超载。车辆超载严重，是使车辆主制动器制动强度增加；制动器温度大大升高、制动失效的可能性大大增加的主要原因之一。

（5）可能存在载货汽车制动失效后车速过高，然后紧接着小半径曲线无法通过的现象。

2.4.2　长下坡路段载货汽车事故成因

长下坡路段的交通安全与人、车、路、环境、管理等因素均密切相关，事故成因有多个方面，主要有道路线形、汽车制动性能、驾驶员主观因素、环境天气和车辆保养等方面。

（1）道路交通设计缺陷和交通流差异大是事故诱发因素

山区特殊的地形条件下，受地形的限制常存在长下坡、陡坡和急弯路段多、长直线接小半径曲线路段的线形特点，使得在这些公路中存在视距不良的危险路段。由于我国早期修建的三级、四级公路，技术标准较低，山岭重丘区土石方工程量较大，造价较高，导致道路等级普遍较低，路基宽度不够，路侧没有净区、超高不够、弯道加宽值不够。

我国现行道路设计方法以设计速度为核心。采用设计速度作为设计指标，实质上规定了道路设计最低限度应该采用的指标，但对采用高于设计速度所对应的指标却没有限制。这易导致各技术指标取值不合理、相互组合不协调、高低指标之间无过渡等问题，很难实现公路线形的均衡性和连续性，使车辆运行速度忽高忽低，产生速度突变，极易引发交通事故。

在以往我国的道路设计理论方面，对于载货汽车和驾驶员的行为分析、交通安全评价、载货汽车制动失效方面的研究和储备不足，也使道路线形往往存在隐患。特别是对于外埠驾驶员，在对山区公路的地势、线形、隧道等路况不熟悉或产生不适应症状的情况下，行驶过程中容易引发交通事故。

公路建成后，如果缺乏适当的管理，造成平曲线内侧违章建筑物的出现，沿线村民见缝插针地在公路沿线种地或建房，形成后天不足。忽视了公路的安保设计和绿化中可能存在的安全隐患，如平曲线内侧树木的栽植会影响行车视线。另外，近年来由于路面铺装质量好，有效路面较宽，路侧有防护设施，给驾驶员较强的安全感，车辆往往以远高出设计速度的时速行驶，而道路的线形又不满足高速行驶的要求，因此接近坡底和有弯道处事故多发。

山区公路速度变化大，各类车辆之间的车速相差大，同一辆车在行驶过程中速度起伏大。我国道路上行驶的车辆性能和质量差异很大，在连续的长大下坡路段，由于动力性能的差异，不同性能的车辆在下坡时速度差异较大，造成低速车辆“压道”行驶，高速车辆频繁超车，由这种“速度差”而引发的刮擦、正面碰撞等事故也占一定比例。

(2)制动失灵是长下坡的主要事故现象

车辆超载、车况和制动系统无保障是制动失灵的重要原因，突发性无征兆交通事故易出现。

由统计数据可以看出，主要肇事车型为大中型载货汽车，我国货运车辆车况差、超载严重，下坡行驶速度过快，制动频繁，导致车辆制动性能下降，甚至制动失效。车辆超载会直接导致车辆动力性能下降、制动性能恶化，还会降低驾驶员操作的灵活性，尤其在连续下坡伴有一些小半径曲线的路段，经常会出现刮擦、侧翻及冲出路外等事故。

(3)驾驶行为不当也是主要原因

从汽车行驶理论分析，大型车辆在长下坡段应使用低挡位，采用发动机辅助制动来平衡于车辆自重带来的下坡力，以减轻其行车制动器的负荷强度。但通过实际调查发现，驾驶员在山区道路上行驶，违章操作(挂高挡位)、超速行驶是导致交通事故的主要原因。

在下坡过程中，尤其是载重载货汽车的驾驶员，往往抱有侥幸心理，考虑低挡滑行会加剧发动机的磨损，总想多拉快跑，而忽视行车安全。出于对车辆最小磨损和最短运行时间的考虑，除非驾驶员认为制动失效的可能性很大，大部分载货汽车驾驶员都尽可能地采用高挡位，并希望通过淋水制动来降低制动毂的温度。车辆行经连续长下坡路段时，有些驾驶员对地形不熟，对道路条件认识错误，采用持续制动来降低车速以期望安全下坡，这是不正确同时也是致命的。

超速行驶导致的交通事故也占较大比例，许多车辆在弯道行驶时仍不减速，弯道处的超速愈加危险，连续长大下坡路段超速行驶危险程度更大。

(4)其他因素

①车辆保养问题。制动部件失灵、轮毂开裂、储气罐气压不足、制动的液压压力不足、制动片磨耗和使用劣质制动片等影响了车辆的制动性能。

②下坡道路引起汽车前后制动力的重分配。由前面分析可知，在车辆的减速度、重量和重心及其他参数数值不变的情况下，其在下坡道路上行驶，会造成前轮所受压力增大，从而使其与地面间的附着力随之增大，造成后轮提前抱死，这样极有可能使车辆发生侧滑。

③长下坡路段交通工程设施设置存在问题。例如标志标线不完善、不合理，养护不及时，控速设施(如减速带)的设置混乱、效果不佳等。

④车辆没有装备淋水装置和缓速器。在山路上下坡行驶时，一般利用主制动系统将汽车的势能和动能转化成为热能；而在连续长下坡行驶时，商用车的制动系统的热负荷是非常大的，主制动系统无法及时将热量释放到大气中，使得制动毂（盘）的温度大幅度升高，从而使摩擦系数下降、磨损加大。制动器失去或部分失去制动效能，这种热衰退现象是很危险的。在汽车连续长下坡行驶时，吸收势能维持较慢车速安全行驶的制动工作应由辅助制动系统来承担。辅助制动系统虽然在制动过程中吸收的功率较小，但是它可在长时间内维持其制动功率不变，从而保证汽车安全行驶。

2.5　国内避险车道的技术特点

综合我国避险车道在应用实践上的调查并且与国外对比，可以看到国内的避险车道工程有如下特点。

(1)调查发现，避险车道的设置如果必要性和位置恰当，救险效果明显，使用频率也很高。调查发现，有的避险车道使用频率高达每周1次，美国加利福尼亚州5号公路南部的一条避险车道甚至达到2～3天救险1次，如表2-1所示。但也发现有的避险车道一年使用只有几次，甚至有的基本没有车辆进入车道。分析其中的原因表明，避险车道设置的必要性和使用效率与避险车道设置的必要性判断、设置的位置、交通量、载货汽车比例、公众宣传、避险车道的可见性都有一定的关系，仍需更科学的分析来提升效果。

美国调查的载货汽车避险车道使用率　　表2-1

位　　置	避险车道使用次数/年	下坡载货汽车的平均交通量/日	避险车道使用次数/万辆载货汽车
加利福尼亚州，美国99号公路	36	500(估计)	20
俄勒冈州，威拉米特河	14	256	15
俄勒冈州，西斯基尤	128	1150	30
科罗拉多州，威尔帕斯山	18	235	21
科罗拉多州，拉比特厄斯山口	12	65	51
宾夕法尼亚州，印第安纳	10	1100	2
北卡罗来纳州，老福特	43	750	16

(2)目前我国高速公路的避险车道建设更贴近实践情况，但砂砾料的粒径偏大，浑圆度不佳，制动距离偏短。普通公路则无论从线形、车辆、驾驶人员，都与高速公路以及国外的情况有很大不同。特别是山区公路地区地形条件受限，直接导致按照目前理论计算的避险车道建设资金需求庞大，在预期财力的约束下，建设规模也十分局限，避险车道往往不能充分建设，直接形成安全隐患。

图2-4为美国某制动床型避险车道救险图片。美国宾夕法尼亚大学通过具体试验表明，理想路床材料粒径应为12.7mm左右，推荐的路床集料粒径为6.3～38.1mm，平均粒径在12.7～19mm之间，这种粒径的材料具有较高效的制动效果。Witheford调查了美国

27个州的避险车道制动路床,发现单一粒径的砾石是一种理想的路床制动材料,粒径为0.5~0.7in(1.25~1.75cm)的砾石集料具有较好的制动性能。对比美国制动床型避险车道路床材料,我国制动床型避险车道路床材料的粒径普遍偏大。

a)　b)　c)

图2-4　美国某路段高速公路成功的避险实例

(3)我国车辆的状况差异性十分显著,管理也有很大的局限,致使行驶在道路上的车辆吨位、制动器的状况、制动片的状况参差不齐,导致长下坡路段的车辆失效位置、失效机制十分复杂多样。特别是,我国经济交通增长速度迅速,车辆交通状况的转换也十分迅速,极易出现新的交通事故形态,按一般理论难以完全应对。

(4)目前对于我国长下坡公路交通安全的理论研究不足,道路线形设计与安全评估存在缺陷。特别是对于车辆的失效机制(例如长下坡路段的汽车动力学与制动片的工作机制、温升和失效规律)、驾驶员的驾驶行为与心理(人因工程学)、环境的综合影响等诸多领域缺乏研究,直接造成长下坡交通安全的理论不足,直接导致以往的道路设计方法存在很大的缺陷,使基于此设计的道路存在和埋下安全隐患。

(5)目前仍然存在设计人员交通工程经验和理论知识缺乏,对于交通工程理论的掌握不足,对路况、交通特性、车辆特性的技术知识、理论掌握分析不足,自主设计的能力和水平较弱,亟须国内提供相应的技术指南和相关知识的宣传材料,予以提升。

(6)技术创新不足。调研美国避险车道发现,美国的避险车道的形式更为多样,水平坡度型的、左侧设置的避险车道也很常见,特别是车道的长度很长,如图2-5~图2-8所示。调查对比可以看到,我国避险车道的形式单一,少有创新。我国目前仍处于发展中国家的技术状态,长下坡交通安全的问题更为突出。在这样的情况下,需要及时在总结我国技术经验的前提下进行技术创新,研发适合我国技术国情的新技术,来切实有效地改善目前我国的交通安全问题。特别是,在场地有限、常规避险车道造价十分巨大的前提下,亟须通过技术创新设置经济有效的防护措施,研发养护便利的防护措施、变被动为主动的救护措施。

图2-5　美国某路段高速公路避险车道

图2-6　水平坡度型避险车道

图2-7　美国网索式避险车道

图2-8　地面安装冬季融雪电缆

综合以上分析,从目前我国山区公路的线形与交通影响的特点来看,山区公路交通安全评价方法研究和实施、道路设计方法的改善与提升、安保资金的投入和设施建设、车辆管理的进一步提升,是改善我国山区公路交通安全的根本措施。

在避险车道的研究方面,及时广泛吸收在国外先期理论研究和实践应用成果,提出适合我国国情特点的避险车道设置设计的技术理论和指南,广泛开展相关的技术创新,对于我国目前避险车道乃至山区公路长下坡路段交通安全改善都具有十分重要的意义。

第3章　长下坡路段载货汽车制动系统热衰退机制与制动片温升规律

3.1　制动系统热衰退机制

载货汽车行车制动系统的作用原理是依靠制动器衬片与制动毂内表面之间的摩擦来获得制动力。载货汽车在长大下坡行驶时,需要采取连续制动的方式控制车速保持稳定。长时间的摩擦做功会产生大量的热量,如果这些热量不能及时散发出去,制动器衬片和制动毂等部件的温度就会持续升高,随之产生所谓制动性能的热衰退,甚至“制动失效”,即在制动踏板输入不变的情况下,由于制动器的高温导致制动器衬片和制动毂之间摩擦做功的功率减小,甚至为零。

制动器衬片和制动毂之间的摩擦性能随着温度的升高而降低的原因很多,主要的有以下两方面:

(1)随着温度不断上升,制动器衬片材料热分解,释放出一种气态物质,该物质能够“润滑”制动片和制动毂之间的摩擦面,从而降低摩擦效果。

(2)随着温度不断上升,制动毂发生膨胀,使它脱离制动片,超出制动踏板的可用行程范围,因而制动性能降低甚至失效。这种变形也使得制动片无法与制动毂保持良好的接触,制动片和制动毂之间的完全面对面接触变成了制动片的边缘与制动毂的摩擦面接触。由于制动片和制动毂之间的接触面的大幅度减少,导致制动器制动能力的大幅度降低。

正常制动时,摩擦副的温度在200℃左右,摩擦副的摩擦系数为0.3~0.4。但在更高的温度时,有些摩擦片的摩擦系数会有很大降低而出现热衰退现象。热衰退的台架试验表明,多次重复紧急制动可导致制动器摩擦系数值减小50%,而长下坡时的连续和缓制动也会使该值降至正常值的30%。

在下坡路段,制动器的主要作用是将车速控制在一个较低的稳定状态,并在特殊情况下能够实施以停车为目的的紧急制动。如果由于热衰退,通过制动获得的有效制动力无法满足上述要求,则将导致车辆失控或者无法进行安全的紧急制动。

从制动器性能随温度升高而衰退的规律来看,存在一个临界温度,制动器温度只有超过该温度,其性能才会大幅度下降。因此,保障载货汽车下坡安全的关键是下坡时不要超过制动器温升的临界值。

载货汽车在特定路段下坡时不超过制动器温升临界值取决于两方面因素:一方面,使制动器具有更高的温升临界值或具有更好的散热性能；另一方面，驾驶员采取合理的下坡速度和操作程序，降低下坡时制动器温度的升高幅度。

要确定载货汽车下坡时什么样的车速选择和操作是合理的，其前提是掌握各种道路条件下，制动器温升与车速、车重、操作等因素之间的关系和制动器温度的变化规律。本章以下重点通过实车实验、数值分析的方法进行长下坡路段载货汽车鼓式制动器制动片增温规律研究。

3.2　制动片温升规律

3.2.1　制动片一般增温规律

(1)车辆在下坡时制动片温度整体趋势是上升的，但会随制动时间上下波动，如图3-1所示。因为车辆在下坡过程中为了保持一定的安全速度就必须制动，在实际下坡过程中由于来往车辆不定，驾驶员在路况好的地方就没有踩制动或者偶尔“点刹”，因此制动片温度是上下波动但总的趋势是上升的。

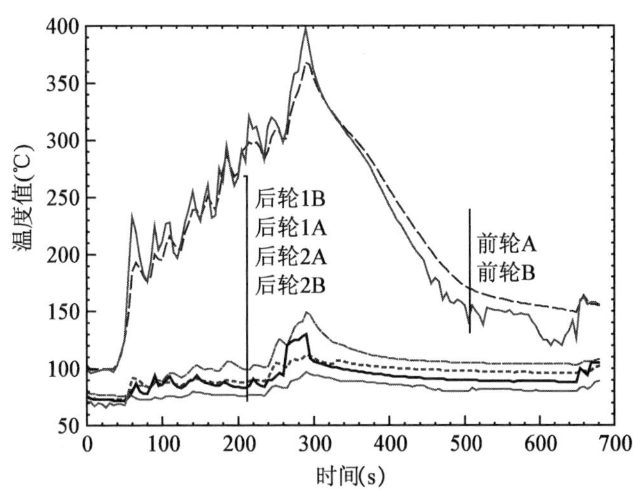

图3-1　制动片温度随时间变化图

(2)制动片温度波动，往往与特定道路线形(如转弯)或会车有关，也与为保证车辆具有安全的运行速度，驾驶员在转弯和小半径平曲线路段，采取的相应制动行为有关。从图3-1中可以看出在下坡过程中制动片温度有几处波动比较大，分析发现这是由于在实际下坡过程中驾驶员觉得路况好时没有采取制动，但在急转弯或者视距不良的地方突然出现车辆而采取紧急制动，从而导致温度急剧提高，停止制动后，制动片温度下降，因而形成温度波动现象，但由于在长下坡下经常制动，因此温度累积，制动片温度总体呈上升趋势。

(3)车辆在上坡过程中制动片温度平稳地下降。由于在上坡过程中一般不制动，此时制动片冷却，温度就会下降。从图3-1中可以看出在上坡过程中(上坡对应后半段)刹车片温度是平稳下降的。还可以看到，汽车前轮制动片在停止制动后前200s降温速度最快，平均每秒降温1.25℃。降至150℃后，降温速度减缓。

(4)前后轮制动片温度变化规律基本相同但前轮温度变化值比后轮大很多,实际上制动时前后轮制动是同时进行的,通过调查制动设置松紧程度后,发现这主要还是由于前轮制动片受热面积比后轮小的原因。

3.2.2 车辆总重对制动片温度增长的影响

实验研究发现,车辆总重显著影响制动片温度增长速度,总重越大,温度增长速度越快。随着车辆总重的增大,下坡时车辆的动能就增大,要保持安全速度所需要的制动力也相应增大,制动片转换成热能的动能也增多,温度增长幅度更大、增长速度更快。

对于制动毂而言同样有类似的规律,有限元数值模拟结果表明:在持续制动中,车辆荷载对制动毂温度场的影响很大。随着载荷的增大,制动毂温度上升速度就增大,针对在山区道路行驶的车辆而言,经常要进行"拖刹"操作,出现热衰退的可能性也增大。因此,为避免出现"热衰退"而引发交通事故,应尽量避免超载。

3.2.3 发动机制动对制动片温度增长的影响

研究发现,发动机挂低挡下坡比挂高挡下坡将获得更好的制动效果,制动片温度增长幅度显著下降。挂低挡下坡的制动效果十分显著。由此可见,载货汽车挂上低速挡,使发动机转速提高,产生的制动力矩增大,以获得较好的制动效能。车辆挂低挡下坡消耗的能量很大,因此载货汽车在长下坡过程中挂低挡下坡,将获得更安全的制动性能。

3.2.4 淋水制动对制动片温度的影响

研究表明,淋水制动能有效地减缓制动片温度上升。载货汽车下坡过程中淋水能有效地冷却制动片温度。为了预防和减少长下坡路段交通事故,在坡顶建有凉水站或者强制车辆停车检查并冷却制动器,是一项有效的管理措施。

3.2.5 初始温度对制动片温度的影响

研究发现,在相同情况下,初始温度对制动片温度变化的影响是比较大的。初始温度越高,制动片随时间变化的温度也越高。

理论分析表明初始温度不一样只是改变了温度增长的起点,温度增长的速度基本一致。数值分析研究还发现瞬态分析的结果在时间足够长时和初始条件没有关系,结果只和边界条件有关。但实际上,汽车下坡持续制动时间不可能很长,因此,初始温度对制动毂温度增长的影响是不可以忽略的。

在相同边界条件(对流密度、热流密度等)下,汽车刚开始下坡制动时的温度越高,制动毂内表面温度随时间变化的曲线的起点将越高。在长下坡路段,由于前面短下坡造成制动毂温度累积,在紧接着长下坡时,将对车辆的制动安全极为不利。可以推断,夏季对于车辆安全也将不利。因此在长下坡前冷却制动毂的温度是非常有必要的。

3.2.6 参数的综合影响

(1)道路线形组合、道路交通畅通状况、车辆载重、车辆制动器的配置情况、下坡挡位、制动方式等是影响制动器增温规律的主要因素,初始温度与环境温度、太阳辐射(现场实测表明太阳辐射至少可以提高制动毂温度3℃以上)也影响制动片的增温规律。从制动毂外表面温度监测发现,制动毂增温规律与制动片基本一致,但相对温度则要低很多。

(2)研究发现,道路线形组合显著影响车辆的制动行为,也将显著地影响制动器的增温规律,特别在长下坡末端,如果存在急弯或者交通流冲突,将显著加剧驾驶员制动的力度和频度,制动器在前期温度已有显著提升的前提下,极易达到和超过制动器的安全临界温度值。

(3)实验研究表明,车辆在繁重工作条件(连续长大下坡、超载、持续制动)下,制动器温度通常在300℃以上,有时高达600~700℃。车辆在不超载且采用了正确的辅助制动的情况下一般是不会发生制动失灵的。但目前,我国公路上通行的载货汽车绝大多数存在严重的超载现象,车辆总重越大,制动片温度增长就越快。车辆超载会直接造成动力性能下降、制动性能恶化,极易造成交通事故。因此,载货汽车在长下坡为了避免出现“热衰退”而引发交通事故,应尽量避免超载。

(4)研究表明,车辆挂低速挡位下坡,采用发动机辅助制动来平衡由于车辆自重带来的下坡力,以减轻其行车制动器的负荷强度,可以有效缓解制动片温度的增长。但实际调查发现,驾驶员往往抱有侥幸心理,出于对车辆的最小磨损和最短运行时间的考虑,大部分载货汽车驾驶员都尽可能地采用较高挡位,如何合理管理驾驶员的行为十分重要。

(5)实验研究发现,车辆制动系统中制动片的配置和使用情况是影响制动片温度变化的又一个重要因素,初始温度对制动片温度增长有直接的影响。因此从驾驶员长下坡路段安全行车的需求出发,应在坡顶设置检查站,强制载货汽车在下坡前进入检查站接受制动系统性能检查;沿线设置检修停车区,一方面让驾驶员休息,同时使制动片自然冷却;同时设置加水站,对制动毂进行淋水是驾驶员常采用且有效的辅助制动措施。

(6)通过典型路段载货汽车现场实验研究,费用不高,可以为了解路段“温增制动失效”规律提供一个有效的手段,另一方面还可以积累数据,为科研和决策提供经验依据。国外在设置避险车道时,提出以“制动片冒烟”位置为避险车道位置选择的判据,也表明实车实验是一种方便快捷的评价方法。

3.3 连续长下坡路段载货汽车鼓式制动器温度预估模型

建立连续长下坡路段载货汽车鼓式制动器温度预估模型的目的是找出连续长下坡路段鼓式制动器温度和影响制动器温度场变化因素之间的关系式,为避险车道的设置提供依据。

结合有限元数值模拟的结果,采用非线性估计的统计回归方法,对长下坡路段载货汽车鼓式制动器温度进行统计回归分析,建立适用于长下坡路段载货汽车鼓式制动器温度的统计预估模型。

连续长下坡路段载货汽车鼓式制动器温度（T）与距离（S）、速度（v）、坡度（G）、初始温度（T_0）的预测模型可以表示为：

$$T = A_0 + A_1 f(G) + A_2 f(v) + A_3 f(t) + A_4 f(T_0) \tag{3-1}$$

其中：$f(G) = a_0 + a_1 \cdot G + a_2 \cdot G^2$；$f(v) = b_0 + b_1 \cdot v + b_2 \cdot v^2$；$f(t) = d_0 + d_1 \cdot t + d_2 \cdot t^2$；$f(T_0) = e_0 + e_1 \cdot T_0 + e_2 \cdot T_0^2$。

最后式(3-1)可化为：

$$T = A_0 + A_1 G + A_2 G^2 + A_3 v + A_4 v^2 + A_5 t + A_6 t^2 + A_7 T_0 + A_8 T_0^2 \tag{3-2}$$

式中：T——温度（℃）；

G——道路坡度；

v——运行速度（km/h）；

t——下坡时间（s）；

T_0——初始计算温度（℃）；

A_0、$A_1 \cdots A_8$——常数。

温度与各个因素（坡度、距离、速度、初始温度）回归分析的结果如下：复相关系数R = 0.9953。由结果可知，连续长下坡温度统计回归模型的复相关系数 R 达到较高的水平，预估模型具有较高的精度，有显著性意义。经过以上分析最终确定预估模型为：

$$\begin{aligned} T = &-366.5523 + 5220.0479G + 3.0908v + 0.1977t + 0.7218T_0 - \\ &5011.09G^2 - 0.052v^2 + 0.00326t^2 + 0.00038T_0^2 \end{aligned} \tag{3-3}$$

3.4 坡度严重度分级系统（GSRS）制动器温升模型应用

载货汽车制动器温升模型是研究下坡交通安全问题、改善下坡交通安全水平的基础。为了使温升模型能够方便、直接地指导研究工作的开展和改善措施的制订，需要面向实际应用进一步开发具有实用性的技术手段和工具。本研究以美国提出并广泛应用的坡度严重度分级系统（Grade Severity Rating System，GSRS）为例，探讨温升模型的应用。

3.4.1 GSRS 的基本概念与应用

如前所述，载货汽车在特定下坡路段上行驶，是否会发生制动性能热衰退从而导致车辆失控等危险情况发生的关键是驾驶员能否合理地控制载货汽车的挡位和车速。1989年，由美国联邦公路局开发的坡度严重度分级系统（Grade Severity Rating System，GSRS）是一套针对连续下坡交通安全问题的系统解决方案，能够为下坡路段针对性标志的设置与评估、下坡事故分析、避险车道设置等提供有力的指导。开发 GSRS 的目的正是对不同车重的载货汽车，在具有不同坡度和坡长的下坡路段行驶时，给出有关合理控制挡位和车速的建议，指导驾驶员安全下坡行驶。

同时，GSRS 也是到目前为止用于分析避险车道必要性的最广泛的分析工具。这个系统的核心是计算出车辆在载重时的最大安全行驶速度。计算机计算出在选定长坡条件下，车辆每行驶 0.5mi(0.8km)的距离时制动毂的温度，根据汽车动力学反算车辆行驶速度，当计算出制动毂温度达到极限温度 260℃时，那么与之相对应的车速即为最大安全行驶速度。有了这个系统后，就可以定量地分析出在任何一种路况条件和车辆条件下公路各个坡段的安全性，为是否设置避险车道和避险车道设置位置提供重要依据。

GSRS 使用预先确定的制动器温度限制(260℃)来建立坡道的最大安全下坡速度，最大安全速度被定义为以此速度在坡底紧急制动，制动器温度不会超过预先确定的温度限制。在分析是否需要设置避险车道方面，GSRS 最明显的特点是它能根据给定的车辆总重(GVW)和坡度严重度产生制动器温度曲线，进而判断制动器温度是否超过 260℃，从而确定避险车道设置的必要性，若超过 260℃说明有必要设置避险车道。

3.4.2　基于 GSRS 温升模型实例计算分析

1)案例概况

结合龙岩 G319 上杭中心坑——吊钟岩长下坡路段技术指标(表 3-1)，以大型载货汽车为研究对象，使用制动毂温升模型(世界道路协会提供的《道路安全手册》中软件 Calculators 计算)对该连续下坡路段制动片温度进行分析，根据分析结果确定不同类型车辆的制动失效危险路段，进而制定需要采取的综合管理措施。

G319 上杭中心坑下坡总坡分布表　　表 3-1

变坡点	高程(m)	坡度(%)	坡长(m)	变坡点	高程(m)	坡度(%)	坡长(m)
K247 +295	695.09	—	—	K250 +584	519.08	-2.49	194
K247 +730	668.67	-6.07	435	K250 +991	493.54	-6.28	407
K247 +870	664.5	-2.98	140	K251 +131	488.82	-3.37	140
K248 +423	630.57	-6.14	553	K251 +634	456.33	-6.46	503
K248 +603	624.98	-3.11	180	K251 +762	451.79	-3.55	128
K249 +182	585.84	-6.76	579	K252 +472	411.5	-5.67	710
K249 +310	581.2	-3.62	128	K252 +844	401.89	-2.58	372
K249 +790	549.31	-6.64	480	K253 +244	395.39	-1.62	400
K249 +980	544.53	-2.52	190	K253 +414	390.38	-2.95	170
K250 +390	523.92	-5.03	410				

2)分析过程

(1)分析数据准备

在使用该模型分析连续下坡路段制动片温度前，先做好输入数据准备工作。首先确定连续下坡路段出现的载货汽车车型及其最危险载重情况，车型以载重轴数区分，如 2 轴、3 轴、4 轴车型，按照轴数依次确定载重状况。根据对现有车型的调查，常见车型及轴载分布见表 3-2。

常见车型及轴载分布表 表 3-2

轴数	载重(t)	轴数	载重(t)	轴数	载重(t)
2	30	3	40	4	50
2	40	3	50	4	60
2	50	3	60	4	70

此外,准备连续下坡坡度、坡长数据,输入数据格式以表为样。打开如图 3-2 所示的软件界面,按照输入参数要求,将轴数、轴载及下坡坡度、坡长输入各项中即可预测随连续下坡坡度、坡长变化的制动毂的温度。

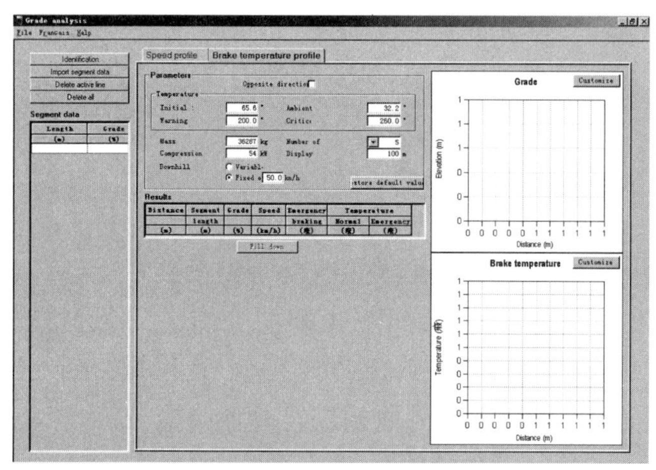

图 3-2 Calculators 下坡分析界面

(2)计算分析

依据软件的使用说明,输入中心坑路段的坡长和坡度数据。制动毂初始温度为 20℃,下坡速度选择固定速度为 60km/h,制动毂警戒温度为 200℃,危险温度为 260℃,调整轴数和轴重,计算分析不同车型发生制动器热衰退的危险位置。

①各类载货汽车的制动毂温度分布曲线

2 轴 30t、40t、50t 载货汽车制动片温度分布曲线如图 3-3 ~ 图 3-5 所示,3 轴 40t、50t、60t 载货汽车制动片温度分布曲线如图 3-6 ~ 图 3-8 所示,4 轴 50t、60t、70t、80t 载货汽车制动毂温度分布曲线如图 3-9 ~ 图 3-12 所示。

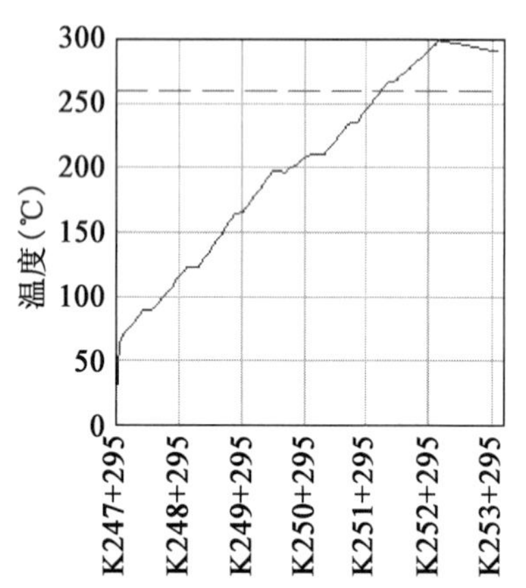

图 3-3 2 轴 30t 位载货汽车制动毂温度曲线

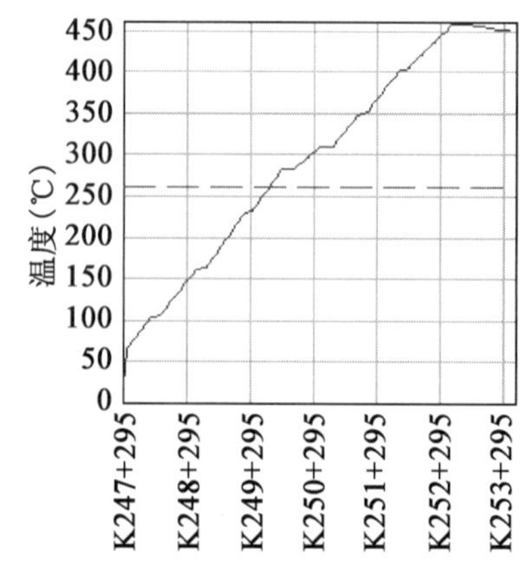

图 3-4 2 轴 40t 位载货汽车制动毂温度曲线

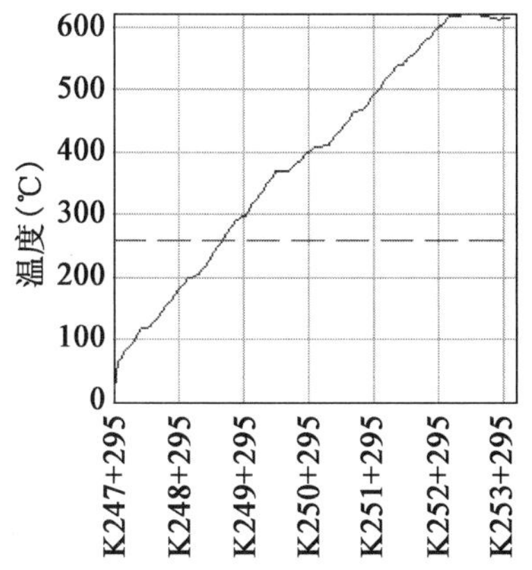

图 3-5　2 轴 50t 位载货汽车制动毂温度曲线

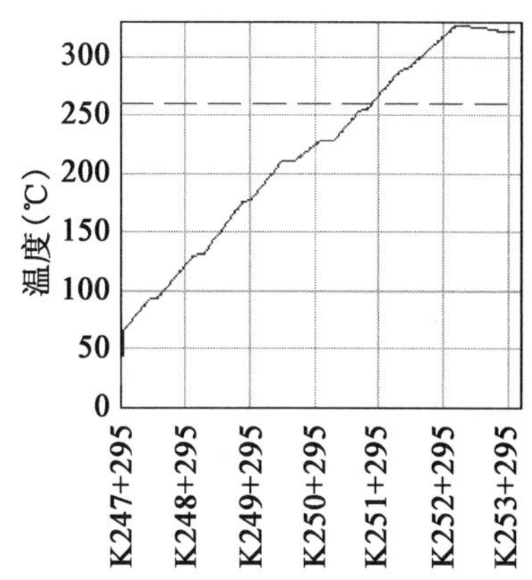

图 3-6　3 轴 40t 位载货汽车制动毂温度曲线

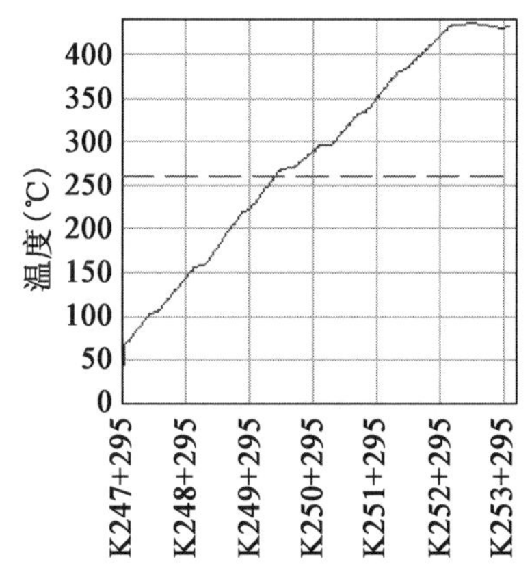

图 3-7　3 轴 50t 位载货汽车制动毂温度曲线

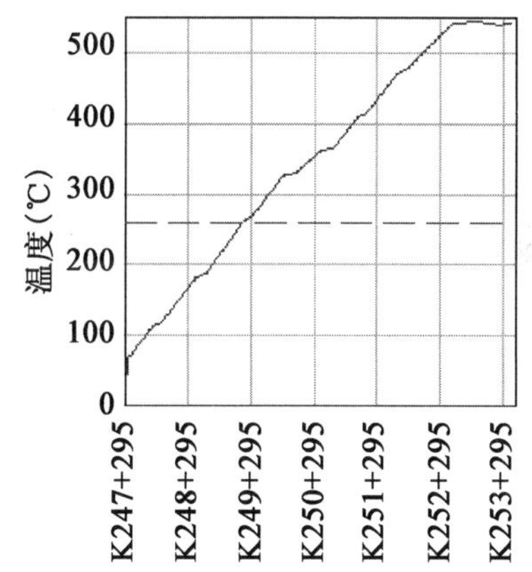

图 3-8　3 轴 60t 位载货汽车制动毂温度曲线

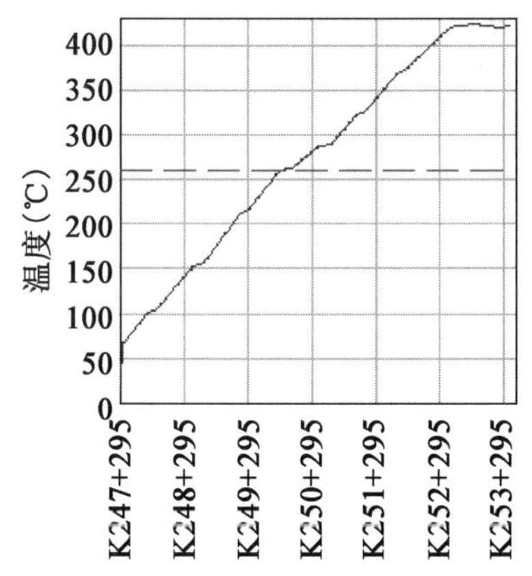

图 3-9　4 轴 50t 位载货汽车制动毂温度曲线

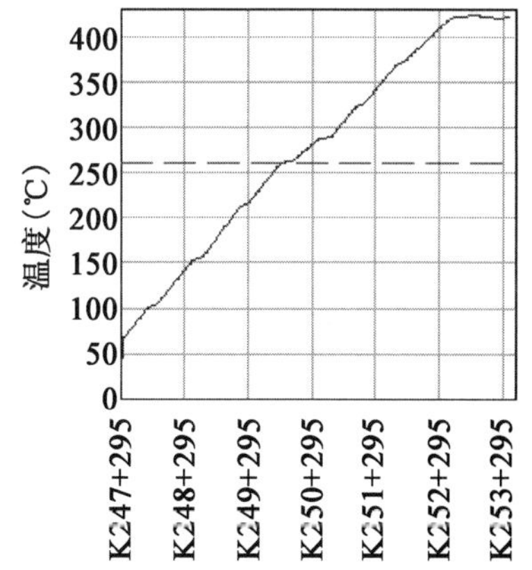

图 3-10　4 轴 60t 位载货汽车制动毂温度曲线

②分析结果和结论

针对 2 轴 30t、2 轴 40t、2 轴 50t、3 轴 40t、3 轴 50t、3 轴 60t、4 轴 50t、4 轴 60t、4 轴 70t、4 轴 80t 载货汽车制动片温度分析结果，将各种载货车辆的制动片温度稳定段、制动片温度警戒段和制动片温度危险段绘制成图和表，如图 3-13 和表 3-3 所示。

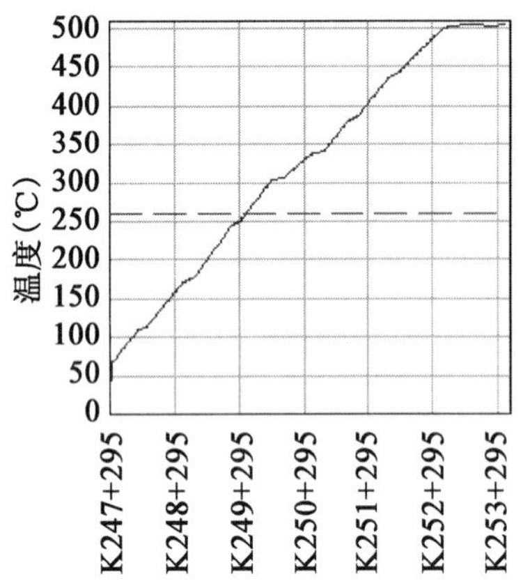

图 3-11　4 轴 70t 载货汽车制动毂温度曲线

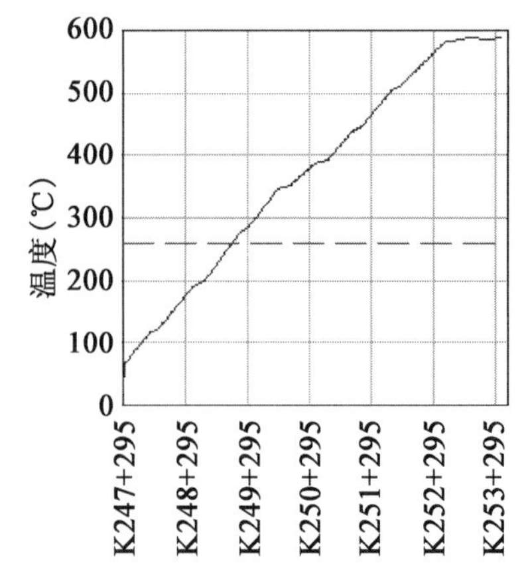

图 3-12　4 轴 80t 载货汽车制动毂温度曲线

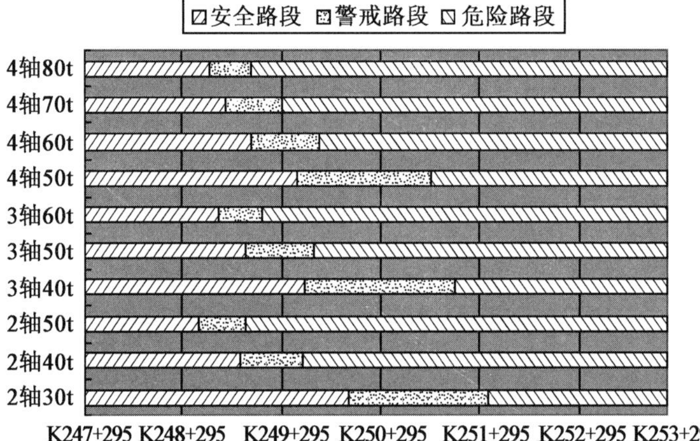

图 3-13　载货汽车制动片温度警戒段和危险段分布图

各类载货汽车制动毂临界温度位置　　表 3-3

轴　数	轴重(t)	警戒温度位置	危险温度位置
2	30	K250 +095	K251 +545
	40	K248 +945	K249 +595
	50	K248 +495	K248 +995
3	40	K249 +635	K251 +195
	50	K248 +995	K249 +715
	60	K248 +695	K249 +175
4	50	K249 +555	K250 +935
	60	K249 +055	K249 +790
	70	K248 +795	K249 +395
	80	K248 +615	K249 +055

从图 3-13 和表 3-3 中可看出，到 K248 +495 处 2 轴 50t 的车辆就处于制动失效的警戒路段处，存在了制动失效的可能性，K248 +995 处就开始进入制动失效危险段。而最晚出现制动失效的载货汽车是 2 轴 30t，在 K251 +545 处开始出现制动失效危险。其次是 3

轴 40t、4 轴 50t 和 4 轴 60t。由于各种车辆的制动性能不一样，考虑针对个别车辆有一定误差，将最晚出现制动失效危险点推到 K251 + 545，最早制动失效危险点是 K248 + 995 处，推断该路段的制动失效危险段位 K248 + 995 ~ K251 + 545。

在龙岩国道载货汽车总车重和轴载分布调查中，路段 2 轴 30t、3 轴 40t 居多，因此可根据各轴吨位的制动失效分析结果，定出 K249 + 635 ~ K251 + 545 段是制动失效事故发生的重点段。而实际发生的事故也验证了分析结果的正确，K249 + 635 ~ K251 + 545 段确实是事故多发路段，并且事故主要原因是制动失效。

从这个案例分析表明，数字化的载货汽车制动状况计算分析十分明了清晰简洁，是未来我国长下坡路段交通安全分析的趋势。

第 4 章　避险车道必要性与选址

4.1　国外避险车道选址研究

避险车道设置包括避险车道的必要性和选址两方面的内容。在国外一般通过工程经验法和事故频率法以及坡度严重度分级法等三种方法进行避险车道的设置判断。

4.1.1　工程经验法和事故频率法

鉴于设置紧急避险车道所需考虑因素众多和相互关联性强，美国于 1989 年签发了《紧急避险车道设置必要性指南》，为工程人员决策是否需要设置紧急避险车道提供参考。该指南认为紧急避险车道是否有必要设置的主要考虑因素为如下三个方面，即：事故率；平面线形与车辆运行速度之间的相关关系；导致严重交通事故的安全隐患（如校车车辆较多的道路、交叉口）。

2001 年在美国各州公路运输工作者协会（AASHTO）出版的《公路和城市道路几何设计原则》（简称“绿皮书”）指出避险车道的设置原则，即基于车辆行驶安全的需要，包括行车道上其他非失控车辆的行驶安全、失控车辆本身的安全以及居住在下坡底部的居民安全。

美国亚利桑那州交通运输部出版的《公路设计指导方针》指出，是否需要设置避险车道主要要考虑事故率，特别是长下坡和平曲线线形组合情况下的事故率；其次是考虑制动器热衰退的交通量；同时认为还可以通过访问专业载货汽车驾驶员、失事现场清理员、公共安全部官员和记录事故的相关资料进行避险车道必要性的分析判断。该书还指出目前没有统一的避险车道设置必要性标准，在有重型载货汽车和长大下坡紧接急弯或需停车组合的条件下，可能需要设置避险车道，车辆的失控速度、附近的地形条件和建造成本也是考虑的因素。另外，对于有几英里长下坡的新修公路，建议根据坡度和坡长来考虑是否需要设置避险车道。

美国北卡罗来纳交通运输部的《公路设计手册》建议不仅要沿乡镇的山区坡道设置避险车道，在城镇陡、短坡而载货汽车交通量大、交通密集区也应设置避险车道，以减少生命和财产损失。避险车道的设置，主要考虑因素是失控事故率，同时还需要考虑地形条件，如坡长、坡度、平曲线的组合和坡底的情况，以及平均日交通量和载货汽车的百分比等。但是可利用的路权和地形是避险车道位置选择时需要考虑的因素，不是确定避险车道必要性考虑的因素。

NCHRP 报告(Witheford,1992)引用了 1979 年 ECK 的研究成果,指出确定避险车道设置必要性时,需要考虑如下因素:失控载货汽车事故率、长下坡长度、坡度百分率、载货汽车百分率、坡底情况、日平均交通量、平曲线曲率、事故严重度、可用路权、地形。

澳大利亚昆士兰州的《公路规划和设计指南》指出,在长下坡车辆失控主要是由于过热或机械衰退引起了制动力散失,或是由于驾驶员在适当时间换低挡失败造成的。在存在长大下坡的地方,在适当位置设置避险车道是合理的。

4.1.2　坡度严重度分级系统

1989 年,由美国联邦公路局开发的坡度严重度分级系统(Grade Severity Rating System,GSRS)是目前用于分析避险车道必要性较广泛的分析工具。这个系统的核心是计算出车辆在载重时的最大安全行驶速度。计算机计算出在选定长坡条件下,车辆每行驶 0.5mile(0.8km)的距离时制动毂的温度,根据汽车动力学反算出车辆行驶速度,当计算出制动毂温度达到极限温度 260℃时,与之相对应车速即为最大安全行驶速度。有了这个系统后,就可以定量地分析出在任何一路况条件和车辆条件下,公路各个坡段的安全性,为是否设置避险车道和避险车道设置位置提供重要依据。

GSRS 使用预先确定的制动器温度限制(260℃)来建立坡道的最大安全下坡速度,最大安全速度被定义为以此速度在坡底紧急制动,制动器温度不会超过预先确定的温度限制。在分析是否需要设置避险车道方面,GSRS 最明显的特点是它能根据给定的车辆总质量(GVW)和坡度严重度产生制动器温度曲线,进而判断制动器温度是否超过 260℃,从而确定避险车道设置的必要性(若超过 260℃说明有必要设置避险车道)。

美国土木工程师协会(ASCE)出版的"Determining Need For And Location Of Truck Escape Ramp"文章介绍了一种避险车道设置必要性分析的方法。该方法在分析避险车道是否需要设置时,主要考虑因素为:坡道严重程度,即坡道长度和坡度;相关限制,即平曲线的允许转弯速度;事故历史记录,即以前失控车辆事故率;事故后果,即在失控事故的期望地点人员伤亡的可能性,即坡底情况。

对于一个特定的坡道,首先要选择设计车辆,并指明汽车总质量(GVW)和制动器热衰退温度(即制动器开始丧失有效制动功能时的温度);接着要判断坡顶制动检查站是否存在,鉴别载货汽车驾驶员是在坡顶制动检查站停车并以零速下坡还是在制动检查站不停车并以标志限定的速度开始下坡,然后使用同一个横坐标轴画出下坡坡道纵断面曲线图、载货汽车下坡速度曲线图,并指明坡道上所有曲线的限制速度和载货汽车制动器温度变化;再鉴别有无载货汽车下坡速度曲线超过其限制速度和制动器温度超过制动器热衰退温度的情况发生,并判断在载货汽车潜在的失控轨迹内有无固定的物体存在;最后就可以判断是否需要设置避险车道(图 4-1)。

如果还存在以下两个情况,则进一步说明需要设置避险车道:以往发生过汽车失控事故情况;在失控汽车的运行轨迹之内,即在坡底或在受限平曲线的交叉点附近存在固定的物体(如房屋、学校、交叉口、水陆联运站等)。

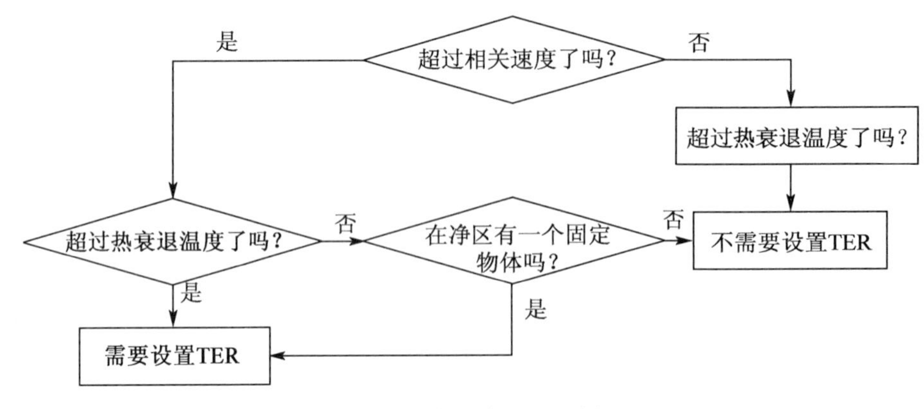

图 4-1 避险车道必要性分析

4.2 基于车辆行驶状态的综合分析判断方法

4.2.1 综合分析判断方法

为充分和更好地发挥避险车道的作用,需要对避险车道设置进行探讨。避险车道设置研究包括避险车道的必要性和选址两方面的内容。

国内外关于确定避险车道设置的影响因素主要有:①长下坡长度;②坡度百分率;③平曲线曲率;④失控载货汽车事故率;⑤事故严重度;⑥载货汽车百分率;⑦日平均交通量;⑧车辆超载;⑨坡底情况;⑩可用路权;⑪地形。这些因素是从不同的角度考虑设置避险车道的,因素①~③可运用于已建路的避险车道设置分析,也可以运用于新建道路上避险车道设置分析,是从道路的平、纵曲线要素出发所得到的原因;因素④~⑧运用于已建道路的避险车道设置分析;因素⑨~⑩用于分析建设避险车道的工程可行性。

车辆在道路上行驶,发生事故是人—车—路相互作用的结果,但最终表现为车辆行驶行为的失控,从而发生事故。山区公路车辆制动失控是坡度、曲率,或者是两者的综合作用的结果,不一定是单一因素直接导致的。而车辆的驾驶行为和运行状态就是这一系列多因素综合作用的结果,是道路行车条件和驾驶人员操作行为的一个综合体现。因此,从车辆的行驶状态分析避险车道的设置将更为合理、全面和科学。

基于以上,本指南建议在分析所有这些避险车道设置的影响因素的基础上,同时考虑车辆制动器的高温失效、行车的视距条件、车辆的运行速度和可能速度的符合情况,进而实现山区公路避险车道设置的必要性和选址的系统性方法。

本方法涉及多种变量,包括设计车辆、道路形式和驾驶员行为等。这些变量以随机性或确定性的形式出现。车辆变量包括车型、车辆总质量和制动类型;道路变量包括纵断面线形(坡长和坡度),平曲线曲率(允许转弯半径),坡顶有无制动检查站;驾驶员变量包括驾驶员在制动检查站的行为,如制动检查、挡位选择等行为。另外还考虑了其他变量,包括事故历史数据、发生失控车辆事故预测位置是否存在固体物(如房屋、学校等)、交通量和视距不足路段资料等因素。

本方法主要利用已有的人—车—路行为模型(包括制动器温度数值模拟方法、可能速度和运行速度预测模型)计算下坡可能速度、运行速度和制动器温度,并根据相关公式计算检验制动片温度是否超出临界温度、可能速度和运行速度是否满足要求、载货汽车停车视距是否足够;并结合坡底情况、可用路权、地形等因素(对于已建道路增加考虑失控载货汽车事故率、事故严重度、载货汽车百分率、日平均交通量和车辆超载)来较全面和系统地分析避险车道设置的必要性和选址。以下进行具体阐述。

4.2.2　避险车道设置必要性分析流程

避险车道的设置必要性首先要确定车辆的各项运行参数(定义为"设计条件")。

(1)设计车辆

根据路段调查(如果是新建路可采用类似的已建路段的调查结果)取得代表性车辆的几个参数:①车辆类型;②车辆载质量;③车辆制动装置(即基本制动、辅助制动装置等)。

(2)检查站

①是否有制动检查站;②制动检查站是否设置了限制车速标志(用于确定车速)。

(3)驾驶员驾驶行为

①若有制动检查站,驾驶员是否会在前方停车;②驾驶员是否会检查制动装置;③驾驶员是否选择了合适的汽车挡位。

上述的这些变量具有不确定性,综合考虑这些因素时各因素的权重也具有不确定性。一部分变量甚至要考虑规章制度(例如,车辆载重限制、制动检查站的设置和执法)以及驾驶员的注意力和熟练度水平。

在确定了车辆的设计条件后,就可以进行避险车道设置必要性的流程分析。确定避险车道的设置必要性时,基本按照如下步骤进行,如图 4-2 所示。

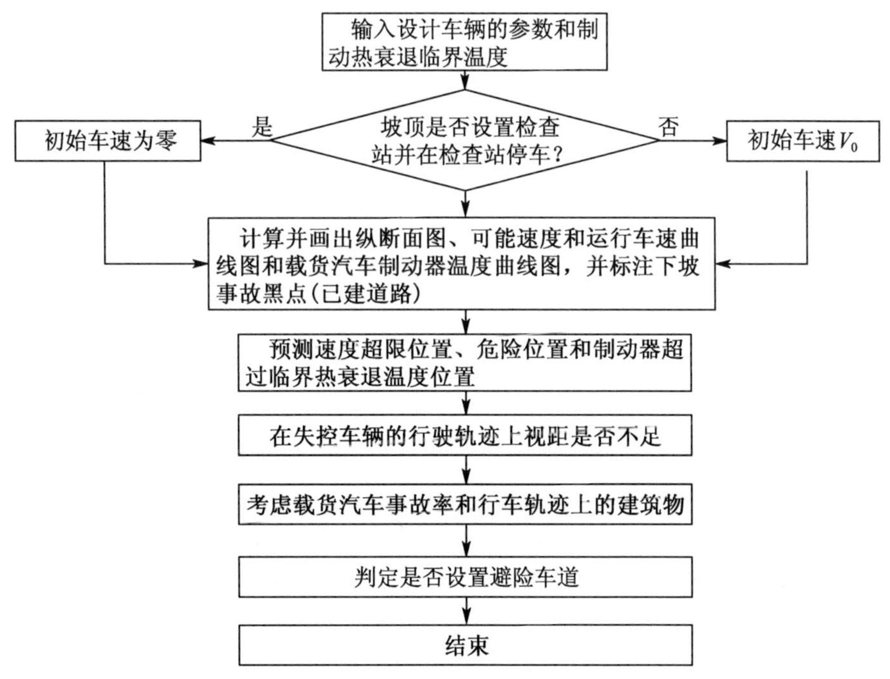

图 4-2　避险车道设置必要性分析流程图

①选择设计车辆的参数和制动器热衰退临界温度。

②坡顶是否设置制动检查站,如果有且驾驶员会在检查站停车,则车辆初始速度从零开始下坡;如果没有或驾驶员不在检查站停车,则车辆以一定的初始速度开始下坡。

③在同一张坐标纸中,计算并画出以下各个曲线图,包括:道路纵断面图、可能速度和运行车速曲线图(标明平曲线路段的允许转弯速度)、载货汽车制动器温度曲线图、下坡事故黑点(已建道路)。

④在前述曲线中确定如下位置:所预测载货汽车下坡速度超过限制速度的位置、所预测下坡路段的危险位置、所预测制动器超过"临界热衰退温度"的位置。

假如本步骤制动片温度超过设定的临界热衰退温度说明有必要设置避险车道。

⑤考虑如下三个因素以进一步确定设置避险车道的必要性:以往失控载货汽车事故率,在失控车辆行驶轨迹上是否存在固定建筑物(例如,房子、学校、交叉口、渡口等),视距不足的路段。

通过以上的计算,最终确定避险车道的设置必要性。

4.2.3 避险车道的选址流程与方法

(1)选址的判断方法

在确定了避险车道的设置必要性后,需要进一步确定避险车道在下坡路段的最佳位置。通过分析下坡路段上的坡度、速度、制动器温度曲线图来选择最优的避险车道位置。其中 V,P,T,J,I 分别代表如下可能情况:

V——载货汽车下坡时,预测的下坡速度超过某一曲线的允许转弯速度;

P——该路段是否为危险位置;

T——下坡时,坡段上某些位置出现载货汽车制动器温度超过热衰退温度;

J——失控载货汽车的潜在行驶轨迹上存在固定设施;

I——在失控载货汽车行驶轨迹上是否存在视距不足情况。

避险车道位置的优先顺序见表 4-1,考虑到预测下坡速度超过允许转弯速度的位置一般也是危险位置,所以当组合中有 P 时不考虑出现 V。表 4-1 中为简单起见仅仅列出需要设置避险车道的情况,其他不需要设置避险车道的组合不再列出。选择的优先次序安排如下。

避险车道必要性及选址分析表 表 4-1

序号	组合	情况分析	是否需要 TER	优先权
1	ϕ	除后表所列情况外	否	—
2	$\{P,V\}$	是危险位置且下坡速度超过允许转弯速度,但制动器温度没有超过热衰退温度,在失控载货汽车的行驶轨迹上没有固定设施存在且视距良好	是	最低
3	$\{P,V,J\}$	是危险位置,下坡速度超过允许转弯速度且在失控载货汽车的行驶轨迹上有固定设施存在,但制动器温度没有超过热衰退温度且视距良好	是	低

续上表

序号	组　合	情 况 分 析	是否需要 TER	优先权
4	$\{P,V,I\}$	是危险位置，下坡速度超过允许转弯速度且视距不好，但制动器温度没有超过衰退温度，且在失控载货汽车的行驶轨迹上没有固定设施存在	是	低
5	$\{P,J,I\}$	是危险位置，在失控载货汽车的行驶轨迹上有固定设施存在且视距不好，但制动器温度没有超过衰退温度，且下坡速度没有超过允许转弯速度	是	低
6	$\{T\}$	制动器温度超过衰退温度，但不是危险位置，下坡速度没有超过允许转弯速度，且在失控载货汽车的行驶轨迹上没有固定设施存在且视距良好	是	低
7	$\{P,V,J,I\}$	是危险位置，下坡速度超过允许转弯速度，在失控载货汽车的行驶轨迹上有固定设施存在且视距不好，但制动器温度没有超过衰退温度	是	较低
8	$\{P,T\}$	是危险位置且制动器温度超过衰退温度，但下坡速度没有超过允许转弯速度，在失控载货汽车的行驶轨迹上没有固定设施存在且视距良好	是	较低
9	$\{T,J\}$	制动器温度超过衰退温度且在失控载货汽车的行驶轨迹上有固定设施存在，但不是危险位置，下坡速度没有超过允许转弯速度且视距良好	是	较低
10	$\{T,I\}$	制动器温度超过衰退温度且视距不好，但不是危险位置，下坡速度没有超过允许转弯速度且在失控载货汽车的行驶轨迹上没有固定设施存在	是	较低
11	$\{P,V,T\}$	是危险位置，下坡速度超过允许转弯速度且制动器温度超过衰退温度，但在失控载货汽车的行驶轨迹上没有固定设施存在且视距良好	是	中等
12	$\{P,T,J\}$	是危险位置，制动器温度超过衰退温度且在失控载货汽车的行驶轨迹上有固定设施存在，但下坡速度没有超过允许转弯速度，且视距良好	是	中等
13	$\{P,T,I\}$	是危险位置，制动器温度超过衰退温度且视距不好，但下坡速度没有超过允许转弯速度，且在失控载货汽车的行驶轨迹上没有固定设施存在	是	中等
14	$\{T,J,I\}$	制动器温度超过衰退温度，在失控载货汽车的行驶轨迹上有固定设施存在且视距不好，但不是危险位置且下坡速度没有超过允许转弯速度	是	中等
15	$\{P,V,T,J\}$	是危险位置，下坡速度超过允许转弯速度，制动器温度超过衰退温度且在失控载货汽车的行驶轨迹上有固定设施存在，但视距良好	是	较高

续上表

序号	组合	情况分析	是否需要 TER	优先权
16	$\{P,V,T,I\}$	是危险位置,下坡速度超过允许转弯速度,制动器温度超过衰退温度且视距不好,但在失控载货汽车的行驶轨迹上没有固定设施存在	是	较高
17	$\{P,T,J,I\}$	是危险位置,制动器温度超过衰退温度,在失控载货汽车的行驶轨迹上有固定设施存在且视距不好,但下坡速度没有超过允许转弯速度	是	较高
18	$\{P,V,T,J,I\}$	是危险位置,下坡速度超过允许转弯速度,制动器温度超过衰退温度,在失控载货汽车的行驶轨迹上有固定设施存在且视距不好	是	高

①避险车道的最优先考虑的位置是$\{P,V,T,J,I\}$情况都出现的地点。

②次要考虑位置是$\{P,T,J,I\}$、$\{P,V,T,I\}$、$\{P,V,T,J\}$情况出现的地点,其次是$\{P,V,I,J\}$、$\{P,T\}$、$\{T,J\}$、$\{T,I\}$情况出现的地点。

③再次是$\{P,V,J\}$、$\{P,V,I\}$、$\{P,I,J\}$、$\{T\}$情况出现的地点。

④最次考虑的位置是$\{P,V\}$情况出现的地点。

如果在同一下坡路段出现多个上述情况,按照优先考虑位置$\{P,V,T,J,I\}$至最次考虑的位置$\{P,V\}$,确定避险车道设置的优先设置顺序。

最终,如果经费预算许可,则可以按照优先顺序并考虑多个避险车道间的距离来设置多个避险车道,而如果经费预算只允许一个下坡路段只能设置一条避险车道,而该下坡路段通过分析应设置多条避险车道,那只能选择最优位置。

(2)制动器温度数值模拟计算

可采用本书或相关研究建立的制动毂温度计算数学公式,也可以使用制动毂温升模型(世界道路协会提供的《道路安全手册》中软件 Calculators 计算)对该连续下坡路段制动片温度进行分析。

(3)可能速度的计算

由于采用 v_{85} 作为运行速度或采用平均速度作为运行速度不能起到控制车辆安全行驶的目的,因为仍然存在超速行驶的条件。可能速度是指在良好的气候条件和交通条件下,汽车行驶只受公路本身线形条件影响,技术熟练的驾驶员驾驶汽车沿某条公路行驶时,可能达到的最高速度,简称可能速度。其计算方法详见相关参考书籍或文献。

(4)运行速度的计算

《公路项目安全性评价指南》(JTG/T B05—2004)(以下简称《指南》)提供了公路项目的各个阶段包括工程可行性研究阶段、设计阶段和运行阶段安全评价方法,主要包括设计符合性评价和运行速度与相邻路段运行速度协调性、设计速度与运行速度协调性评价两部分工作内容。《指南》提供的运行速度预测模型既可以运用于设计阶段也可在运行阶段的预测。由于避险车道主要服务于载货汽车和其他重型车辆,根据实际的需要,以大型载货汽车的研究对象预测其在长下坡路段的运行速度。

(5)曲线允许转弯速度

曲线允许转弯速度定义为车辆通过一段平曲线路段的最大速度,而不因为离心加速度而倾覆。曲线允许转弯速度可用如下最简单的形式进行计算:

$$v_c = 3.6\sqrt{\alpha g R} \tag{4-1}$$

式中:v_c——曲线允许转弯速度(km/h);

α——为保证车辆的侧向稳定性,与最大侧向加速度相关的系数(载货汽车的 α 为 0.32~0.50,平均值取 0.41);

g——重力加速度($9.81\mathrm{m/s^2}$);

R——曲线的转弯半径(m)。

(6)视距检验的计算

道路的视距可以通过绘制视距包络线进行检查,它是指驾驶员视点轨迹线上每隔一定间隔绘出的一系列的视距线相交出的外边缘。在视距线和轨迹线之间的空间范围,是保证通视的区域,在这个区域内如有障碍物需要适当予以清除。

视距包络线通过以下四个步骤进行绘制:

①按一定比例绘制弯道平面图,并示出行车轨迹线位置;

②在轨迹线上从弯道两端相连直线上距曲线起点(或终点)s 的地方开始,按 s 距离定出多组视线 1-1、2-2、3-3……

③绘出这些视距的包络线(内切线)即为视距曲线;

④量出相应断面位置的最大横净距,即可按上面的方法确定相应断面的视距切除范围,如图4-3所示。

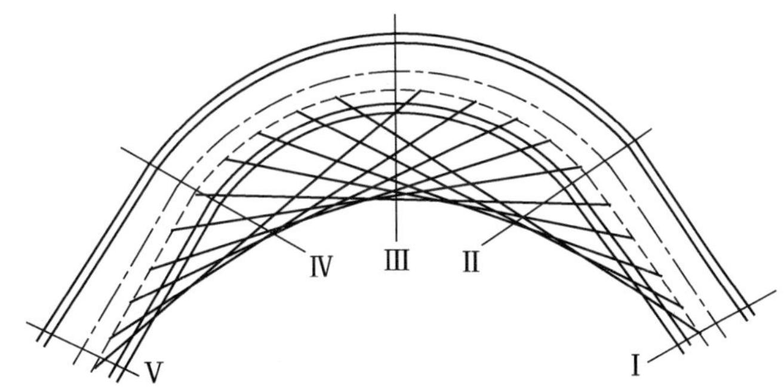

图4-3　视距包络线

4.3　基于可能速度的山区公路安全评价

基于运行速度的评价方法对山区长下坡路段不能进行有效的评价,因此本节引入可能速度,综合可能速度与运行速度对长下坡路段进行评价,以完善速度评价方法。

4.3.1 可能速度的概念与原理

可能速度是指在良好的气候条件和交通条件下，汽车行驶只受公路本身线形条件影响，技术熟练的驾驶员驾驶汽车沿某条公路行驶时可能达到的速度。定义中良好的气候条件是指路面干净、平整，不考虑积雪、结冰和降雾等；良好的交通条件是指自由流行驶状态，不考虑交叉口、行人及非机动车等横、纵向干扰；在公路宽度、视距足够的线形条件下，驾驶员驾驶汽车所能达到的最大速度，考虑上坡加减速换挡和下坡加速换挡操作；驾驶员技术熟练是指能保持尽可能高的速度行驶，但不冒险。

可能速度为所能达到的最大速度，在公路线形设计中若采用可能速度对线形进行评价，检查各几何要素指标的取值是否合适、相邻技术指标是否均衡、平纵组合是否协调等问题，有针对性地进行修正，同时作为确定超高值、断面宽度、行车视距、设置爬坡车道、布设交通安全设施等的依据，可以从根本上解决采用设计速度带来的不足，满足线形设计连续性、协调性和安全性要求。

以下讨论可能速度、运行速度与设计速度的关系。

设计速度为一定值，可能速度和运行速度在其上下变动。运行速度是指在理想的外部条件下，特定路段长度上车辆的实际行驶速度，其中理想的外部条件是指良好的天气条件，干净、潮湿的路面条件和自由流状态的交通条件，用测定的第85%位车辆的行驶速度作为运行速度，简称v_{85}。可能速度与运行速度的目的是相同的，都是为了控制、检查和评价线形设计，作为确定路线技术指标的主要依据。但二者的获取方法不同，运行速度是通过路上实测，采用第85%位车辆的行驶速度，需要有大量的试验数据，经回归分析后获得，此法主要适用于对已建公路运行速度的测定，用以指导公路改建或设置交通安全设施。已建公路实测到的运行速度是否能用于指导拟建公路的线形设计，还需要做大量的研究工作。而可能速度是汽车可能达到的最大速度，因安全原因，可能速度不可能通过路上实测获取，只能在公路平、纵线形指标已知的基础上，通过建立理论预测模型获得，可用以指导已建公路的改建或拟建公路的线形设计评价和改进，同时也可作为已建或拟建公路设置交通安全设施的依据。另外，二者的大小不尽相同，可能速度为最大速度，而运行速度为车辆实际行驶速度，运行速度一般小于可能速度，至多二者相等。

可能速度与设计速度、运行速度的关系如图4-4所示。

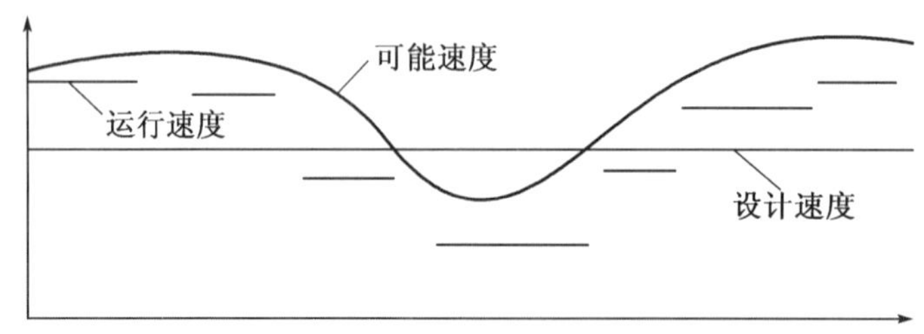

图4-4 可能速度、运行速度与设计速度示意图

在长下坡危险路段多数交通事故是由于驾驶员路况不熟，下坡高速行驶造成的。采用设计速度设计，对设计车辆肯定会超速，采用v_{85}的运行速度还会有15%的超速行驶。而采用可能速度可准确得出车辆下坡高速行驶的速度上限值。因此，采用可能速度对公

路进行评价可解决行车安全性问题或减少交通事故的发生,另外还可以研究车辆的制动行为规律。

以道路空间结构建立起空间加速度,即横向加速度、轴向加速度、竖向加速度。考虑一般人的承受能力极限,确定三向加速度,通过三向加速度求得速度,最小的速度就为可能速度,如图4-5所示。

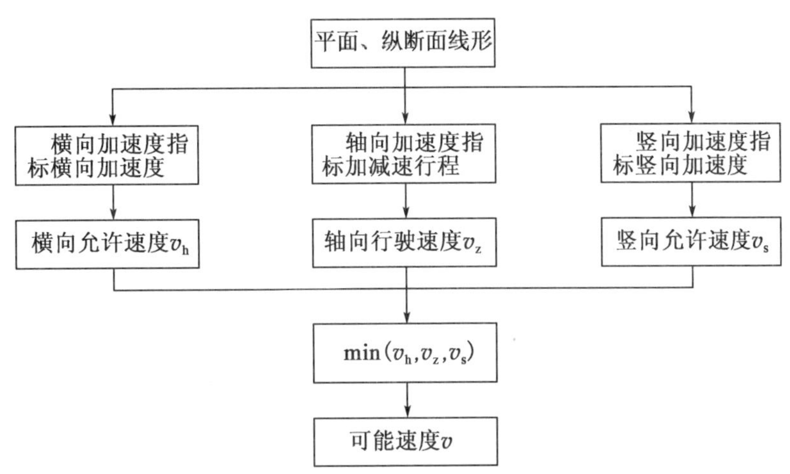

图4-5　可能速度原理示意图

横向加速度是因平曲线的存在而产生的。在可能速度预测中不考虑超高,只考虑平曲线半径,先不考虑离心力对人的感受,由此定出行驶速度以后再确定采用的超高。一条公路的横向加速度是连续的,只从平面线形上考虑。直线上为零,圆曲线上为常数,直线与圆曲线之间连续变化,设缓和曲线时按线性过渡。

轴向加速度是因汽车在纵断面上变速行驶产生的,根据汽车动力性和行驶阻力,可以建立轴向加速度的计算公式。在计算过程中应考虑汽车的换挡行驶,上坡有加速换挡和减速换挡操作,下坡认为只有加速换挡操作。加、减速换挡速度应根据动力特性确定,若相邻挡的动力曲线相交,则采用相交点处的行驶速度作为换挡速度;不相交时,某挡加速换挡速度采用该挡最高速度,减速换挡速度采用下一挡的最高速度。

竖向加速度是因纵断面竖曲线存在产生的,不同半径的竖曲线具有不同的竖向加速度,直坡段竖向加速度为零,设定变坡点处竖向加速度最大,直坡段与最大值之间线性过渡。

汽车在公路上正常行驶,轴向加速度是汽车行驶速度主导的、内在的决定性因素,而横向加速度和竖向加速度是汽车行驶速度被动的、外在的限制性因素,为汽车安全性允许的最高速度。决定性因素是汽车本身的动力所决定的,同时又受限制性因素的制约。当在下坡路段时,汽车本身的动力将不起作用。图4-6为两种情况下各空间加速度的示意图。

横向、轴向、竖向加速度三者在某一时刻是单独存在的,并非共同作用。当平、竖曲线半径较大而不限制汽车行驶速度时,横向和竖向加速度不起作用,此时只有轴向加速度起控制作用。当平曲线或竖曲线半径较小且限制汽车行驶速度时,横向或竖向加速度起控制作用,此时轴向加速度不起作用。而横向和竖向加速度也是分别起控制作用的,竖向允许速度高于横向允许速度时，受横向加速度控制，反之受竖向加速度控制。因此在长下坡路段，当曲线半径较小，这时候横向加速度和轴向加速度就处于一种变化状态，因此在长下坡路段，可能速度将受二者共同作用影响。

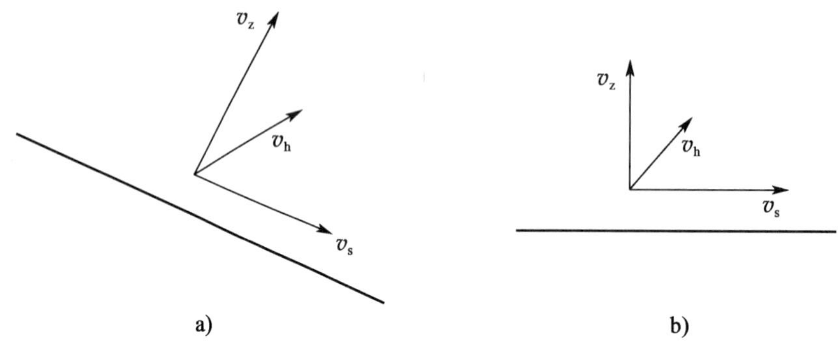

图4-6　在长下坡、一般公路的加速度示意图

a)长下坡；b)一般公路

可能速度预测模型是在初定路线平、纵面各项技术指标的基础上，根据汽车动力性能建立的。对于驾驶员和环境影响因素，假定驾驶员技术熟练、环境条件良好，不考虑这些因素。建立可能速度预测模型的技术路线是先分别建立横向加速度、轴向加速度和竖向加速度与速度模型，并分别建立其加速度指标模型，最后建立可能速度预测模型。具体计算方法可参看相关文献。

4.3.2　基于可能速度长下坡路段危险位置评价

无论采用运行速度还是可能速度，其目的都是作为公路线形评价的一种方法，用以检查平、纵设计的质量，指导路线几何要素技术指标的取值，控制车辆超速行驶，减少交通事故发生，实现安全行车的基本要求。同时，通过采用可能速度或运行速度的检查和修正，使公路沿线相邻线形要素指标协调一致，避免出现过大的速度差，保证指标大小均衡过渡，防止因线形的突变或速度差过大而引起交通事故发生。

因此，采用可能速度或运行速度对公路线形进行检查评价的目的和作用是一致的，但控制效果方面二者有所差别。采用运行速度的方法不能完全控制车辆超速行驶，在长下坡路段车辆经常超速，采用可能速度的方法可以弥补基于运行速度的评价方法的不足。

车辆制动毂的温度变化与车辆制动行为及行驶速度关系密切。本节从可能速度入手，研究长下坡公路上汽车最大可能速度及其制动行为，以期为更精确分析车辆制动毂的温度变化规律提供依据。

应用可能速度对下坡路段危险位置的评价标准，采用可能速度对下坡路段危险位置的评价指标，如表4-2所示。

可能速度评价指标　　表4-2

公路等级	高速公路			一级			二级		三级		四级
设计速度(km/h)	120	100	80	100	80	60	80	60	40	30	20
评价指标(km/h)	20	20	20	20	20	18	20	18	15	12	12

当某一路段的可能速度与设计速度的差值超出表中的评价指标时，即可认为该路段为危险位置。

4.3.3 实例分析

本节以国道 319 线吊钟岩——中心坑路段为例进行分析。

国道 319 线吊钟岩——中心坑路段按二级公路标准设计，设计行车速度 60km/h，路线全长 25.79km，共有 77 个平曲线，由于受山区地形条件的限制，降低设计标准，路段平曲线多处采用了“S”形曲线，其他线形包括“C”形和卵形，路线呈折线形由龙岩往长汀方向逐渐降低，平面线形相对较差，对行车安全不利。该长下坡路段各段坡度与坡长表、平均坡度与坡长以及路段曲线起终点桩号及曲线要素，见表 4-3 ~ 表 4-5。

中心坑路段坡度与坡长表　　表 4-3

变坡点	高程(m)	坡度(%)	坡长(m)	变坡点	高程(m)	坡度(%)	坡长(m)
K247 +295	695.09			K250 +584	519.08	-2.49	194
K247 +730	668.67	-6.07	435	K250 +991	493.54	-6.28	407
K247 +870	664.5	-2.98	140	K251 +131	488.82	-3.37	140
K248 +423	630.57	-6.14	553	K251 +634	456.33	-6.46	503
K248 +603	624.98	-3.11	180	K251 +762	451.79	-3.55	128
K249 +182	585.84	-6.76	579	K252 +472	411.5	-5.67	710
K249 +310	581.2	-3.62	128	K252 +844	401.89	-2.58	372
K249 +790	549.31	-6.64	480	K253 +244	395.39	-1.62	400
K249 +980	544.53	-2.52	190	K253 +414	390.38	-2.95	170
K250 +390	523.92	-5.03	410				

中心坑路段平均坡度和坡长表　　表 4-4

变坡点序号	变坡点高程(m)	里程桩号	平均坡度(%)	坡长(m)
1	695.09	K247 +295	—	—
2	491.07	K250 +990	-5.5	3695
3	377.99	K255 +047	-2.79	4057

中心坑路段曲线起终点桩号及要素表　　表 4-5

曲线编号	圆曲线起点桩号	圆曲线止点桩号	平曲线半径(m)	转　角(°/ ′/ ″)
1	K247 +443	K247 +522	90	-82/40/25
2	K247 +825	K247 +924	1100	-5/07/19
3	K248 +082	K248 +176	90	85/37/0
4	K248 +336	K248 +505	88	-135/57/35
5	K248 +709	K248 +8	150	50/15/25
6	K248 +976	K249 +012	165	-24/54/10

续上表

曲线编号	圆曲线起点桩号	圆曲线止点桩号	平曲线半径（m）	转　角（°/　′/　″）
7	K249 +203	K249 +375	340	38/57/30
8	K249 +941	K250 +006	600	15/43/00
9	K250 +714	K250 +773	260	-20/47/12
10	K250 +946	K251 +048	90	75/30/00
11	K251 +261	K251 +382	90	-102/59/19
12	K251 +462	K251 +534	112	57/17/39
13	K251 +714	K251 +839	150	-61/08/59
14	K251 +874	K252 +023	1460.81	-5/49/25
15	K252 +058	K252 +127	150	39/42/36
16	K252 +162	K252 +251	655.98	-71/48/51
17	K252 +528	K252 +65	700	9/56/56
18	K253 +071	K253 +153	300	-27/16/03
19	K253 +651	K253 +937	600	33/57/28

考虑该路段重型车行驶需求及失控车辆的调查，计算可能速度时，采用的代表车型为东风重型载货汽车 EQ1420W，其装备质量 12005kg，载荷质量 29800kg，满载总质量 41805kg，该车总高 2.97m，总宽 2.47m。设定海拔高度 1000m 以下，则 $\lambda=0.81$，下坡起始速度为 40km/h。采用中心坑路段道路纵断面（图 4-7），计算得到路段可能速度如图 4-8所示。

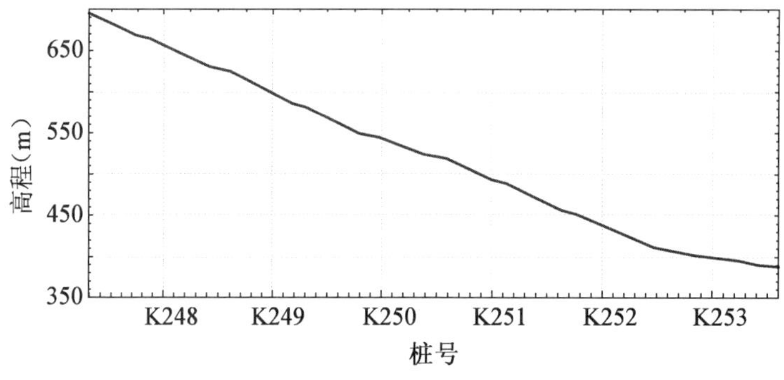

图 4-7　中心坑路段纵断面示意图

由图 4-8 可知，该路段有两处危险位置。第一个地段在桩号为 K248 +042 的平曲线附近（该平曲线半径 $R=90$m，允许速度为 68.41km/h）。在该曲线之前为直线下坡路段，其平均纵坡近 4%，直线段长约 600m，随后进入该小半径曲线段，产生速度差 28.34km/h，而允许速度差指标为 20km/h，该数值大大超出其范围，说明该处平曲线线形设计极其不平顺、不舒适且存在巨大的行车安全隐患。但考虑到其距离坡顶较近，车辆行驶到该处时制动片因制动所产生的温升累积数值不大，其还不至于发生严重的热衰退，所以载货汽车在该处还不易发生制动失效。但其所存在的行车安全隐患应该引起重视，在可能的情况下应对其采取线形改善或交通工程措施。

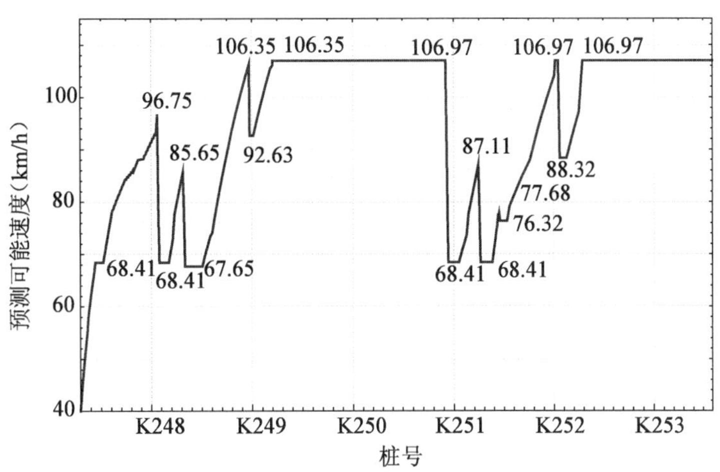

图4-8　中心坑路段可能速度图

第二个危险位置在桩号为K250+911的平曲线附近(位于原设计避险车道附近),该平曲线半径$R=90$m,允许速度为68.41km/h。由图4-8可知,在该曲线之前为长直线下坡路段,其平均纵坡近4%,直线段(或大半径曲线段)长约2000m,在该平曲线之前为连续的高速行驶段,其中K249+530~K250+700长1170m范围内持续以该型车最高车速106.97km/h行驶,随后出现了连续的S形急弯(先是半径为260m的平曲线,紧接着是$R=90$m的小半径平曲线),且此处又有小抬坡,使得行车视距不良,载货汽车进入该小半径曲线段,车辆为保持一安全车速,采取持续的强力制动,产生速度差38.56m/h,大大超出允许速度差指标20km/h。因其前连续高速行驶,制动频繁,车辆行驶到该处时制动片因制动所产生的温升累积数值很大,接近该小半径平曲线时载货汽车驾驶员采取的强力制动措施很容易使制动片温度在短时内急剧升高,从而使其温度大大超过一般的制动器温度热衰退临界值,致使载货汽车制动器发生严重的热衰退并使制动器失效而引发车毁人亡的恶性交通事故。

从两个危险位置的分析看出,两个危险位置相比较K250+911的平曲线附近危险位置显得不利许多,是事故的黑点地段,应于该位置设置避险车道。实际的交通事故调查显示该位置确实是事故黑点路段,且实际在该位置设置了一个避险车道并发挥了较好的避险效果,有效减少了该路段重特大事故的发生。

由以上基于可能速度的长下坡路段危险位置判别方法对实例进行分析发现,基于可能速度可以有效地反映事故黑点位置,是预测长下坡路段事故黑点位置的一种有效方法。

(1)基于可能速度的车辆制动行为分析实例

由前面计算的路段可能速度曲线图(图4-8),可见:

①从坡顶开始加速一直至K248+042,期间车辆没有实施制动,K248+042至K248+082路段车辆由于即将通过小半径($R=90$m)曲线段,开始进行强力制动,从而使可能速度值急速下降,过平曲线时采用“拖刹”匀速通过平曲线。

②K248+296前,制动片放松,车辆重新加速,K248+296至K248+336路段车辆由于即将通过小半径($R=88$m)曲线段,又开始进行强力制动,从而可能速度随之下降并采

用“拖刹”匀速通过平曲线。

③此后至 K248 +946 前，制动片放松，车辆又重新加速，K248 +946 至 K248 +976 路段车辆由于即将通过半径 $R=165\text{m}$ 的曲线段，尽管曲线半径不大，但由于车速较高，也必须进行制动。

④通过曲线后至 K250 +916 前，制动片放松，车辆重新加速，直至车辆达到该挡最高速度并匀速行驶，这段没有采用主制动器制动，而是依靠发动机制动；K250 +916 至 K250 +946 路段车辆由于车速很高又即将通过小半径（$R=90\text{m}$）曲线段，开始实施该下坡路段的一次最强力制动，表现为可能速度值从 106.97km/h 下降为 68.41km/h。此后的可能速度图几波段的曲线起伏也有类似的情况。

⑤通过对可能速度的长下坡路段车辆制动行为分析可见，下坡路段的小半径曲线位置是载货汽车采取紧急制动的主要原因之一，尤以长下坡路段的下半段设计有小半径曲线时，所需采取的紧急制动强度最高，往往是造成事故黑点位置。

（2）可能速度与温升实车试验的对比分析

为对国道 319 线中心坑路段的制动行为进行分析，进行了该路段多个工况下的实车试验，并对试验监测数据进行了整理和分析。这里以其中两种工况下前轮制动片表面温度与路程的曲线进行对比分析研究。两种工况下前轮制动片表面温度与路程的曲线，如图 4-9 和图 4-10 所示。

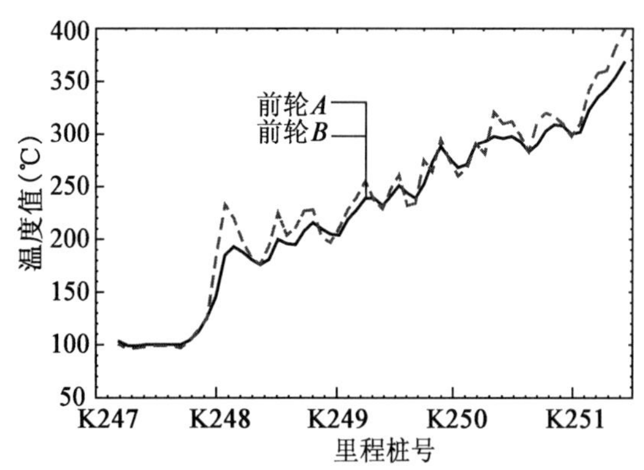

图 4-9　制动片温度随里程桩号变化图

（工况：空车、不放水、6 挡、初始温度 100/77℃）

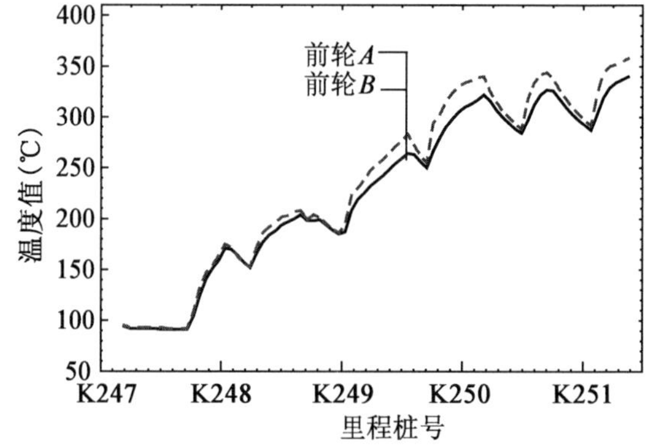

图 4-10　制动片温度随里程桩号变化图

（工况：总质重 30960kg、不放水、4 挡、初始温度 92/72℃）

由图 4-9、图 4-10 可见，车辆在下坡时制动片温度整体趋势是上升的，这是因为车辆在下坡过程中为了保持一定的安全速度就必须制动，在实际下坡过程中来往车辆不定，驾驶员在路况好的地方就没有踩制动踏板或者偶尔“点刹”，因此制动片温度是上下波动但总的趋势是上升的。

但另一方面，每次制动都造成温度曲线总会有一波上升段，使曲线随制动上下波动，这与驾驶员为保证车辆具有安全的运行速度，在转弯和小半径平曲线路段采取的相应制动行为有关。对比可能速度图（图 4-8），温度曲线上几个上升波段中的 4 个大的上升波段（位于 K248 +082、K248 +336、K248 +976 和 K250 +946 附近）均对应可能速度的大幅降低，可见均是由于在实际下坡过程中驾驶员觉得路况好时没有踩制动踏板，但在车辆高速行驶通过小半径曲线时降低速度所采取的强力制动，导致温度波动并急剧升高，松开制动踏板后制动片温度下降，因而形成温度波动现象。两曲线具有密切关联。

从两种工况下温度路程曲线对比分析可见，两曲线的起伏具有相似性，这也印证了前面的分析所认为的车辆均在某几个固定位置制动造成温度曲线在这些位置起伏，而其余几个上升波段则是由于车辆交会等因素所采取的制动引起的。如果略去车辆交会等不确定因素的影响，则车辆的制动行为完全可以用可能速度图中的减速度来表示。当然也可以从运行速度图来分析车辆制动行为，但考虑到车辆运行的速度外边界，我们采用了基于可能速度的分析模式。有了这一制动行为模式，就可以用它来计算长下坡路段车辆的制动毂温升关系曲线。考虑到有限元计算制动器温度的工作量可采用图 4-11 简化的速度断面图进行计算。

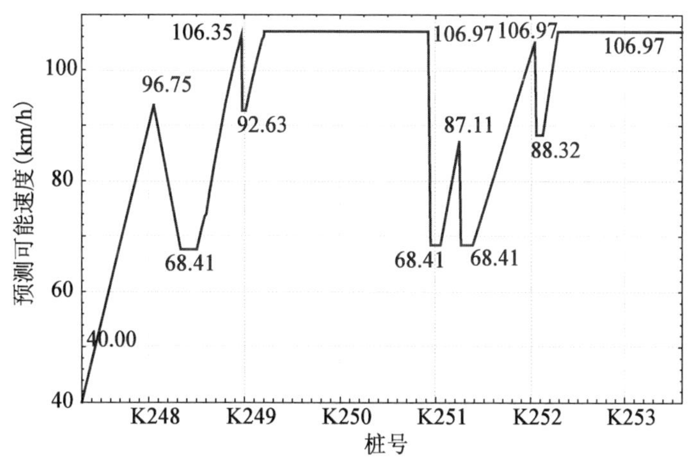

图 4-11　国道 319 线中心坑路段可能速度简化模式图

由两种工况下实车前轮制动片的温升曲线对比分析发现，在空载高速（工况一：挂 6 挡）的情况，较之满载低速（工况二：挂 4 挡）的情况其温升曲线在排除通过小半径曲线采取制动所引起曲线波动外，具有更多波段的起伏曲线，这是由于虽然该路段线形较好，不必因为要安全通过弯道而减速制动，但是驾驶员一般不可能取用计算所得到的最大可能速度值，而要对其速度进行控制以达到其所认为的安全行车范围。此时如车辆挂高挡下坡，发动机没有制动，要控制车速所采取的制动措施全部由主制动器实施，而高速行车更易由于各种突发情况而需采取制动减速，从而只能较为频繁地使用主制动器，表现为高速行车温升曲线图上的更多起伏波段，而低速下坡的制动毂温升曲线则平缓得多。说明下坡采取高速行驶不仅会产生增大紧急制动的温升曲线上的波峰值，而且会增加其起伏波段数量。可见采用高速下坡从多方面分析均会使车辆制动器温度更高，“热衰退”的可能性增大，增大行车安全隐患。

4.4　避险车道设置必要性判断与选址案例分析

根据避险车道设置研究成果，本节采用提出的系统分析方法，对国道 319 线吊钟岩—中心坑路段的避险车道设置必要性和选址进行分析，以作为示例参考。

4.4.1 判断标准条件与设计符合性评价

首先确定判断标准条件，根据对中心坑路段重型车辆的调查，失控车辆53%是重型载货汽车，路段第85%位的载质量为42t，因此确定本段路失控车辆的代表车型为东风重型载货汽车EQ1420W，其装备质量12005kg，载荷质量29800kg，满载总质量41805kg，该车总高2.97m，总宽2.47m。

以下根据《公路项目安全性评价指南》(JTG/T B05—2004)(以下简称《指南》)提出的评价方法对路段的线形设计、运行速度协调性、根据可能速度计算及评价指标对其可能速度的协调性以及制动片温度等进行评价，分析该路段存在的事故多发点，为避险车道的改造设置提供依据。

根据《指南》提出的评价方法对路段的设计符合性进行计算分析，见表4-6。

中心坑路段的坡度超限表　　表4-6

变 坡 点	坡 长（m）	坡 度（%）
K247 +295 ~ K247 +730	435	6.07
K247 +870 ~ K248 +423	553	6.14
K248 +603 ~ K249 +182	579	6.76
K249 +310 ~ K249 +790	480	6.64
K250 +584 ~ K250 +824	240	6.28
K250 +824 ~ K250 +990	503	7.41
K251 +125 ~ K251 +558	433	7.07

从表4-6可知，线形设计较差的路段主要为K250 +006 ~ K250 +990、K247 +393 ~ K247 +730、K248 +042 ~ K248 +545，这些路段设计标准均超过了规范的相应要求，特别是K250 +006 ~ K250 +990作为长下坡段的一部分，路段安全性明显比其他路段低。从现场的勘察情况看，对这些线形设计较差的路段，并没有进行适当的交通安全设施的设计，对此需要进行完善设计。

4.4.2 基于运行速度的协调性评价

根据《指南》提供的运行速度预测模型，计算各分析单元的运行速度值，并以此为纵坐标，路线里程桩号为横坐标，绘制出沿线运行速度变化断面图(仅仅示出K247 ~ K252段)，如图4-12所示。

根据《指南》提供的评价标准，结合实测的运行速度，如计算结果得到相临路段的运行速度差Δv_{85}基本上均小于10km/h，说明这些路段的运行协调性是良好的；如相临路段的运行速度差Δv_{85}基本上大于10km/h，说明这些路段的运行协调性较差。以下为运行速度差Δv_{85}大于10km/h的路段：

(1)曲线K235 +830 ~ K236 +025的曲中和出口运行速度差Δv_{85} =10.18km/h；

(2)曲线K237 +283 ~ K237 +476的曲中和出口运行速度差Δv_{85} =11.31km/h；

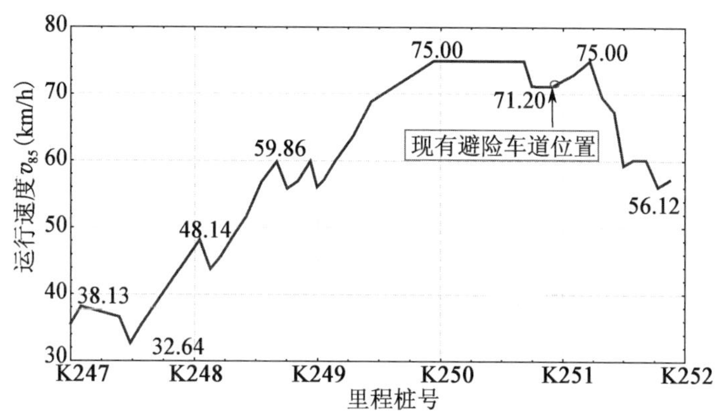

图 4-12　中心坑路段运行速度断面图

(3)直线段 K247 +570 ~ K248 +043 的起点和终点运行速度差 Δv_{85} =12.70km/h。

以上路段相邻的曲线半径较小,运行速度协调性较差,条件允许的话可适当调整这些路段的平纵断面。另外从图 4-12 运行速度的断面图可以看出,载货汽车从坡顶下坡,速度急剧增加,在 K250 左右达到期望运行速度 75km/h 后,驾驶员将增强制动力度,尽可能使得车辆能够匀速下坡,持续下坡约 700m 到达 K250 +700。载货汽车在这样高速行驶的条件下进行制动,制动器的温度必然显著增大,极易发生制动器热衰退现象。可见避险车道设置位置应尽可能在此桩号前后,与现有避险车道设置在 K250 +950 吻合较好。

4.4.3　行车视距检验与基于可能速度的危险位置评价

基于前节计算得到的路段运行速度值,根据《指南》中提供的载货汽车停车视距要求计算公式,计算得该路线有 4 处视距检验不足,如图 4-13 所示。由图可见现有避险车道设置在 K250 +950 之前的 K250 +350 附近行车时就已经发生停车视距不足的现象,避险车道的设置也应尽可能予以考虑。

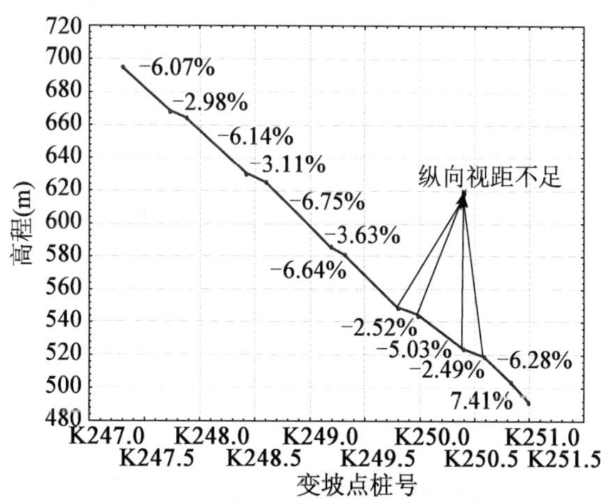

图 4-13　中心坑路段视距检验位置图

根据所给定的设计条件,计算得到可能速度。由图 4-13 可知,该路段有两处危险地段,第一个地段在桩号为 K248 +042 的平曲线附近(该平曲线半径 R =90m,允许速度为 68.41km/h);第二个危险地段在桩号为 K250 +911 的平曲线附近(位于原设计避险车道附近),该平曲线半径 R =90m,允许速度为 68.41km/h。对两个危险位置相比较,K250 +

911 的平曲线附近危险位置显得更为不利，是事故的黑点地段。中心坑避险车道路段重型载货汽车累积车速频率分布如图 4-14 所示。

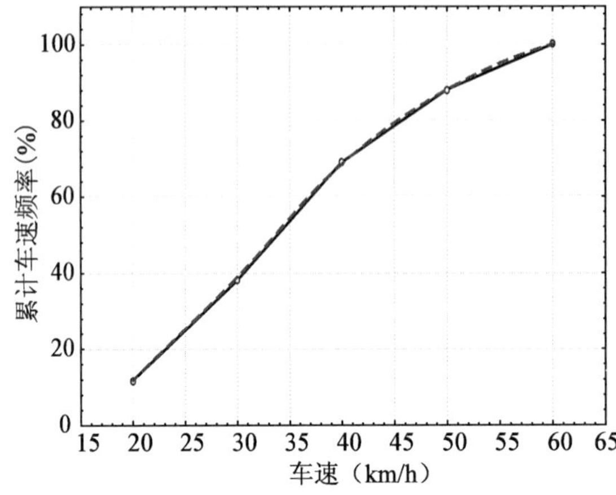

图 4-14 中心坑避险车道路段重型载货汽车累积车速频率分布图

4.4.4 可能速度、实际运行速度和预测运行速度的对比分析

根据调查得到中心坑路段重型载货汽车车速分布，如表 4-7。

中心坑避险车道路段车辆车速汇总表(K251) 表 4-7

车　型	最高车速(km/h)	15%位车速(km/h)	85%位车速(km/h)
重型载货汽车	60	20	48

由表 4-7 可知，85%位的实际运行速度值为 48km/h。

另外，将计算所得的运行速度和可能速度画于同一图中，如图 4-15 所示。由图可知，在全路段范围内，计算的运行速度曲线均小于所计算的可能速度值(除 K251 +000 附近)，后者是前者的上限值，这也说明了可能速度计算方面具有相当的准确性。从实际观测到的运行速度看，其 v_{85} 等于 48km/h，与该处的运行速度计算值 71.65km/h 相差 23.65km/h，差值较大，可见《指南》所采用的计算公式在局部路段有相当的误差。从实测到该路段的最大运行速度看，其最大值为 60km/h，与该处的最大可能速度计算值 68.41km/h相差 6.41km/h，较为接近，考虑到所观测路段内交通流的车速与最大车速峰值的误差后，该数值是较合理的。这也验证了可能速度计算理论结果的准确性。

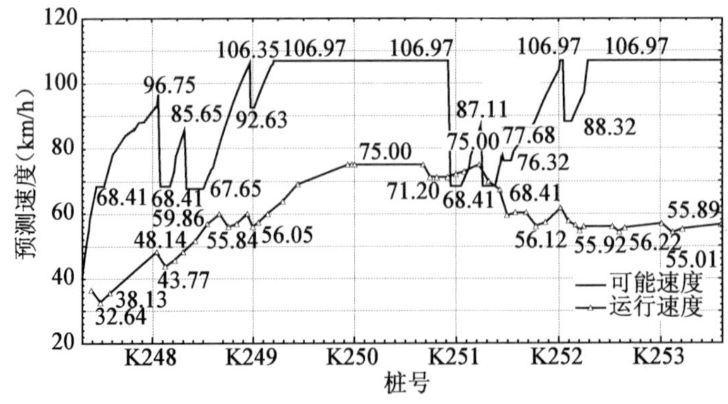

图 4-15 中心坑路段计算运行速度与计算可能速度对比图

另外，图 4-15 中运行速度曲线在 K251 +000 附近接近甚至高于可能速度曲线。根据可能速度的定义，超出该速度，理论上意味着车辆可能失事。因此从图中就可准确得出在路线的 K251 +000 附近是该路段的黑点。

由以上这些分析可见，可能速度计算理论结果具有一定准确性，可作为道路路线设计评价工具之一。

4.4.5　制动器温升评价

在已经确定设计车辆等条件下，假定车辆有基本制动装置和辅助制动装置，坡顶未设置制动检查站，驾驶员采用了合适的挡位。据此计算典型载货汽车在该下坡路段行驶时，其主制动器的温度变化曲线（考虑工程实际各路段坡度的严重程度，这里只计算到 K251 +500 处），如图 4-16 所示。

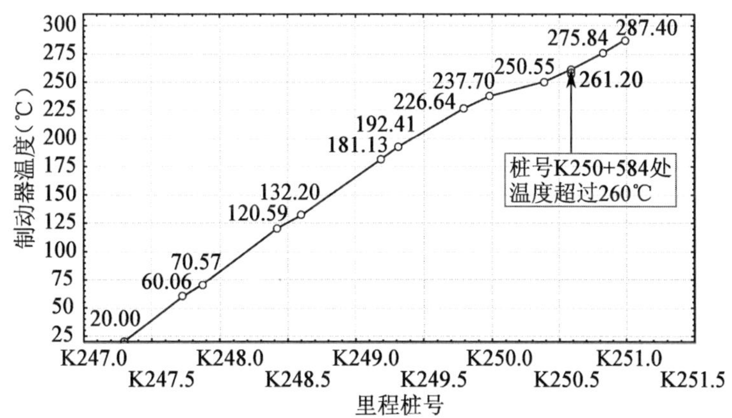

图 4-16　中心坑路段典型载货汽车制动器温升计算曲线图

从温度的上升曲线图可知，车辆下坡后制动片温度持续升高，在桩号 K250 +584 位置制动器温度开始超过 260℃。由于研究是假定车辆匀速下坡并持续制动，造成其主制动器温升曲线缺少波动。由前分析可知是考虑实际车辆的制动方式后，其计算曲线应在现有曲线附近上下波动前进。

从曲线中线形看斜率较大，说明载货汽车在制动后的温升速度较快，这是由于该路段纵坡较大（平均纵坡 5.5%）造成制动器的温升较快。在桩号 K250 +584 位置制动器温度超过 260℃（制动片热衰退的经验性的临界值），并在该位置之后，由于坡度继续延伸 4km 多，制动片的温度继续升高，大大超出临界值直至坡底 K255 +000 附近。

4.4.6　避险车道设置必要性和位置的确定

综合以上分析结果并根据第 3 章提出的确定避险车道设置必要性和选址的全面的、系统的方法，列出中心坑路段避险车道设置必要性及选址分析表（表 4-8）。

中心坑路段避险车道设置必要性及选址分析表　　表 4-8

位置（曲线号）	组合	是否需要 TER	优先权	位置（曲线号）	组合	是否需要 TER	优先权
1 号曲线	ϕ	否	—	3 号曲线	$\{P\}$	否	—
2 号曲线	ϕ	否	—	4 号曲线	ϕ	否	—

续上表

位置(曲线号)	组合	是否需要 TER	优先权	位置(曲线号)	组合	是否需要 TER	优先权
5 号曲线	ϕ	否	—	9 号曲线	$\{T,I\}$	是	较低
6 号曲线	ϕ	否	—	10 号曲线	$\{P,V,T\}$	是	中等
7 号曲线	ϕ	否	—	11 号曲线	$\{T\}$	是	低
8 号曲线	$\{I\}$	否	—	12 号曲线	$\{T\}$	是	低

从计算运行速度图及可能速度断面图可知，该路段在 3 号和 10 号曲线速度差值过大，协调性和连续性较差。从运行速度断面图可知，载货汽车在 10 号平曲线超过允许的转弯速度，由于速度相差仅 2km/h，可不进行速度的修正（但也说明其行车平顺性较差），也就是说该路段的速度都满足平曲线的转弯半径的速度限制；从可能速度图中可知，3 号和 10 号曲线的速差值都不满足要求，故其都是危险位置；从制动片温度的上升曲线图看，在桩号 K250 +584 位置制动器温度即已开始超过 260℃；再根据可能速度分析及事故历史调查记录，得出 K250 +500 是该路段的事故黑点，多起事故在该处因为车辆制动器过热引发制动失灵而失事。

由表 4-8 中结果可见，该路段 9 ~12 号曲线均有设置避险车道的必要。

至于选择避险车道的设置位置，从表 4-8 的优先权分析，10 号曲线位置优先权等级最高，因此其最优先设置宜在 10 号曲线之前，桩号 K250 +950 附近为最佳。而 9 号曲线前车辆制动温度已超出临界热衰退温度值，其行车视距又不足且又位于事故黑点附近，因此 9 号曲线前桩号 K250 +600 附近可作为该路段避险车道设置位置选择的次佳方案。

从现有避险车道设置情况看，其设置于桩号 K250 +950，由于实际地形条件的限制其右侧为深沟，而应设置于其左侧，尽管如此，该处的避险车道在实际车辆的避险中发挥了较好的作用，较好地验证了本书提出的避险车道设置选址方法是一种有效的方法。

4.4.7 分析认识

（1）基于可能速度的长下坡路段危险位置判别方法对实例进行分析发现，基于可能速度可以有效地预测长下坡路段的事故黑点位置，可运用于分析避险车道设置位置选择与判断。基于可能速度的长下坡路段车辆制动行为分析可见，下坡路段的小半径曲线位置是载货汽车采取紧急制动的主要原因之一，尤以长下坡路段的下半段设计有小半径曲线时，所需采取的紧急制动强度最高，是事故易发地段。

（2）可能速度图得到的车辆制动规律与试验得到的车辆制动器温升曲线密切关联，可能速度图中每一次大的降速路段均对应斜率较大的温升曲线波段，可见两者具有密切联系，由可能速度图所得到的简化计算模式可作为研究车辆制动行为的一种有效工具。

（3）空载高速工况较之满载低速工况，其制动器温升曲线除在小半径曲线路段具有相似波动曲线外，具有更多波段的起伏曲线，而低速下坡的制动毂温升曲线则平缓得多，是降低制动器产生高温热衰退的有效措施。

第 5 章　避险车道综合设计

避险车道的综合设计包括引道、长度、宽度、深度、线形、制动床材料、防撞消能设施、排水、服务道路与地锚等相关设计内容。辅助措施方面，以避险车道交通标志设置为重点，配合标线、其他交通安全设施，本章综合前述研究和国内外经验，对相关方面具体讨论。

5.1　避险车道综合设计原则与问题分析

避险车道的工程设计内容一般包括：避险车道的设置必要性判断、设置位置选址、避险车道的综合设计三个方面。

实践证明，一条设计合理的避险车道，一般需要满足以下四个功能：

(1)恰当的位置设置，保证及时合理地救助失控车辆。

(2)保证失控车辆能顺利地进入避险车道并有足够缓冲空间。

(3)保证失控车辆在避险车道内能获得足够的消能后平稳停下。

(4)使失控车辆和人员在避险车道内能得到安全、有效的救助。

但相对这四点要求，我国避险车道设置与设计也仍然存在一些问题。主要原因如下：

(1)普通公路避险车道建设往往存在经费不足，特别是地形不允许问题。

对于制动床型避险车道而言，作为众所周知的经验，避险车道越宽越好、越长越好，坡度越缓越好，交角越小越好。但最终避险车道的位置、长度的确定，往往受制于地形、经费，以及交通事故对决策者的改造的决心的影响。地形允许、经费充足，一般都能做出合理尺寸的避险车道。

与美国等各发达国家不同，我国公路在建设期已经追求过降低造价，山区公路已经处于连续陡坡、连续急弯、陡坡紧连急弯等极为不利的线形组合之中，但在山区往往都没有足够的空地，要么是开山，要么是填沟填壑。造价随着距离的延长会成指数式的增长，一旦经费和长度宽度获取的效益急剧降低，超过了主管部门的忍受极限，避险车道的位置和尺寸就被强行定下来了。

由于避险车道是间断性的使用，高车流的时间段也不会天天都有车辆驶入，有时候会一个月几次、几个月一次的发生，也直接使人忽视了这个问题的严重性；同时如果实在觉得风险大，各部门还会在端部设置橡胶轮胎、消能桶等被动阻难措施进行补充。但实际情况是，先天不足的位置和先天不足的尺寸，势必导致避险车道避险能力不足、过陡、过窄、没有辅助车道、无车可上、使用效率不高。

同时由于养护资金的不足，也往往直接导致砾石标准不合格，翻松维护不及时，制动效果下降。

（2）理论研究的不足、理论方法和计算分析工具缺乏，导致无法准确抓住路况特点和主要矛盾，直接影响避险车道设置的有效性和位置有效性，进而影响避险车道的效率。

实践应用显示，现实中往往还存在避险车道使用效率不高的问题。普通公路往往是受制于路段地形、合适的位置缺乏，同时在设置位置选择方面没有明确的计算方法和设计理论，即使想确定合适的位置也是无据可循。在这两个原因的促使下，往往并没有在最接近、最紧急的位置设置避险车道。对于高速公路和场地宽裕的地带，在位置选择方面则往往受制于没有明确的计算方法和设计理论，还有设计阶段工程设计人员对交通特性、天气地理、车辆运行机制和驾驶行为调研掌握不足等问题，例如车型、轴重的分布，天气对车辆制动失效位置的影响，车辆制动失效后的运动行为，车速的失速增长计算及其与道路容许运行速度的关系分析等。

（3）避险车道各组成部分、辅助设施与主体设施、几何尺寸与路床材料、偏角、过渡段的综合一体化设计理论和协调关系把握不足。

实践中发现，由于引进时间短，有关避险车道与中国交通、地理环境特点的适应性研究缺乏，我国对避险车道的很多技术细节的用途、功用，以及各组成部分的联动关系并没有很深入地掌握，实践中也没有严格细致的专门技术标准和指南，在照搬移植国外的技术方法时，由于现场交通条件和地情状况复杂，缺乏理论指导和计算依据，避险车道的设置设计随意性大，直接导致避险车道的各组成部分的系统性和协调性工作能力不足。一方面不能充分发挥避险车道的功能而造成浪费，另一方面也不能实现避险车道最恰当、最经济的减速效果。

（4）缺乏技术标准、计算工具，缺乏技术创新和技术指南。

由于目前缺乏较深入的理论研究和辅助的计算工具技术，避险车道的设置设计基本属于半理论半经验方法，出现各类的不足和不恰当的问题不可避免。要彻底改善此方面的问题，投入大量资金进行公路改线是一个有效途径，但需要很长的时间和很大的工程配合。

如果要较为经济，关键在于充分利用人车容许的加速度范围开展技术创新。例如采取机械、主动、智能的围拦方法和技术，研究采用高阻尼的材料、数字化的分析设计运动车辆的制动行为，最可能地挖掘场地长度潜力，都是未来的一个重要改善技术途径。

避险车道的应用在我国目前尚处于起步阶段，积极开展技术创新、提出明确的和全过程分析的计算方法和设计理论，是未来我们需要积极开展的方向。

5.2 设计参数的计算与建议

5.2.1 驶入速度

（1）驶入速度分析

避险车道的长度是根据行驶速度、坡度和砂床的原材料的滚动阻力系数而确定的。

合理地确定冲入避险车道时的最大速度是设计避险车道的重要环节。

美国在AASHTO的绿皮书上指出：避险车道的设计速度最小值为128.7km/h或144.8km/h为宜。我国在设计中则对这一参数取值较为随意。在《公路安全保障工程实施技术指南》中指出："失控车辆驶入避险车道的最小驶入速度应取130km/h，取140km/h的驶入速度最好。"

对于二级及二级以下等级公路，驶入速度没有这么高，也可把观测到的以往失控车辆的最大速度作为驶入速度。虽然取130km/h或140km/h的驶入速度可以取得大的安全度，但是对于一般路段会造成巨大的浪费，而且未考虑弯道处允许安全速度的避险车道设置，可能导致制动失效车辆在弯道处滑移或侧翻从而不能顺利到达避险车道。

美国爱达荷州交通运输部根据结合能量积累的过程进行迭代计算，从而得到避险车道上任一点处车速。进行避险车道设置地点选择时，可以用驶入避险车道的车辆驶入车速：

$$v = 17.943[0.284v_0^2 - H - KL - 2.576v_mL - (6.365 \times 10^{-4}FLv_n^2/W)]^{1/2} \tag{5-1}$$

式中：v——在距离为L处的速度(km/h)；

v_0——在起点处的速度(km/h)；

H——相应于距离为L处的竖向距离(m)；

L——依据里程桩计算的坡度长度(m)；

K——路面摩擦系数；

v_m——速度v和v_0的平均值(km/h)；

F——车辆前身的面积(m^2)；

v_n^2——v^2和v_0^2的平均值(km^2/h^2)；

W——车重(kg)。

理想的避险车道入口速度越小越好，最好在制动片达到极限温度后引起制动器失效时就设置避险车道。在制动器严重热衰退之后，车辆在失控的状态下滑行较长的距离后，会产生较大的速度，对行车及道路安全极为不利。

(2)失控车辆纵向受力与运动速度分析

根据汽车行驶理论，汽车行驶时受到牵引力和阻力的作用，阻力分为滚动阻力、空气阻力、坡度阻力和惯性阻力。为使汽车运动，汽车的牵引力必须与运动时所遇到的各项阻力之和平衡，即

$$F_t = F_f \pm F_i \pm F_w \pm F_j \tag{5-2}$$

式中：F_t——汽车的牵引力；

F_f——滚动阻力；

F_i——坡度阻力；

F_w——空气阻力；

F_j——惯性阻力。

按照最坏情况进行分析，即认为汽车的制动系统与变速系统基本失效，汽车处于完全失控的自由滑行状态。此时的汽车，失去了牵引力F_t，因此只受到滚动阻力F_f、坡度阻力

F_i、空气阻力 F_w 和惯性阻力 F_j 的作用(图5-1)。

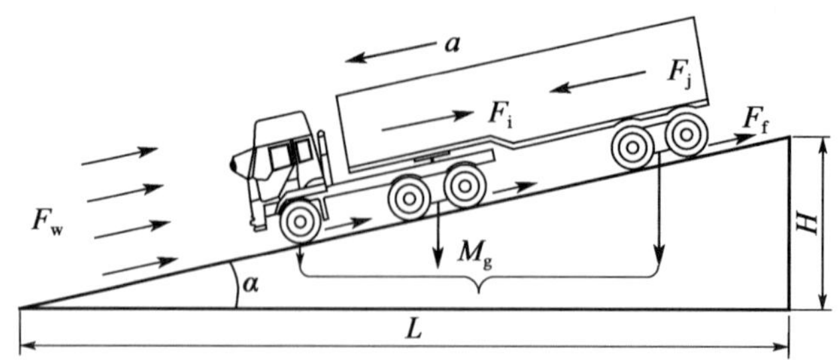

图5-1　车辆下坡受力分析图

滚动阻力:

$$F_f = fG \tag{5-3}$$

式中:G——汽车总重力(N);

f——滚动阻力系数。

滚动阻力系数 f 概括了轮胎变形、路面变形及路面与车轮接触面上摩擦损失等影响。作为一个综合性系数,它的大小与路面种类、行驶车速、车胎构造、材料、气压等有关。

坡度阻力:

$$F_i = \pm G\tan\alpha = \pm Gi \tag{5-4}$$

式中:α——坡面与水平面的倾角;

i——坡度(%)。

空气阻力:

$$F_w = \frac{C_D A v^2}{21.15} \tag{5-5}$$

式中:C_D——空气阻力系数;

A——车辆迎风面积(m^2);

v——在距离为 L 处的速度(mile/h)。

惯性阻力:

$$F_j = \delta_1 \cdot m \frac{dv}{dt} \tag{5-6}$$

式中:δ_1——汽车旋转质量换算系数,一般取为0.04;

m——汽车质量。

由于 $\frac{dv}{dt}$ 即汽车的加速度,所以式(5-6)可变为:

$$F_j = \delta_1 \cdot a \frac{G}{g} \tag{5-7}$$

式中:a——加速度(m/s^2)。

根据牛顿第二定律可得到:

$$ma = F_f \pm F_i \pm F_w \pm F_j \tag{5-8}$$

式中:m——汽车质量;

a——汽车加速度。

把各种力代入，并考虑在下坡路段，可得到：

$$Gi - Gf - \frac{C_{D}Av^{2}}{21.15} - \delta_{1} \cdot a\frac{G}{g} = \frac{Ga}{g} \tag{5-9}$$

对上式进行整理可得到加速度 a 的公式如下：

$$a = \frac{g}{G(1+\delta_{1})}\left(Gi - Gf - \frac{C_{D}Av^{2}}{21.15}\right) \tag{5-10}$$

假设一个很短的时间段为 Δt，则由物理学的基本速度公式：

$$v_{2} = v_{1} + a\Delta t$$

就可以在初速度已知的情况下，求得最终速度 v_{2}。

把加速度 a 代入，并统一单位，可得到：

$$v_{2} = v_{1} + 3.6\Delta t\frac{g}{(1+\delta_{1})}\left(i - f - \frac{C_{D}Av^{2}}{21.15G}\right) \tag{5-11}$$

根据能量守恒定律，在不考虑弯道影响的条件下，动能与势能的转化公式为：

$$\frac{1}{2}\delta mv_{0}^{2} + mgh = \frac{1}{2}\delta mv_{1} + 2(F_{f} + F_{w})s \tag{5-12}$$

化简公式，得：

$$V_{1} = \sqrt{V_{0}^{2} + 2\frac{gh}{\delta} - \frac{2(F_{f} - F_{w})}{m\delta}s} \tag{5-13}$$

式中：δ——惯性力系数，一般取为 $\delta = 1 + \delta_{1} = 1.04$，$\delta_{1}$ 为惯性阻力系数。

由于惯性阻力项比较小，在不做精确计算的条件下可以忽略不计，则动能与势能的转化公式为：

$$\frac{1}{2}mv_{0}^{2} + mgh = \frac{1}{2}mv_{1}^{2} + (F_{f} + F_{w})s \tag{5-14}$$

化简公式，得：

$$v_{1} = \sqrt{v_{0}^{2} + 2gh - \frac{2(F_{f} + F_{w})}{m}s} \tag{5-15}$$

根据式(5-13)或式(5-15)，在失控时速度已知的情况下，就可以得到车辆在失控之后的道路上任意地点的速度。同样，避险车道在路段上的设置位置选定之后，就可以由公式得到失控车辆在到达避险车道入口位置时的速度。而这个速度，就可以作为车辆进入避险车道的参考速度。

由上述公式可以看出，避险车道入口速度与初始速度、坡度、滚动阻力系数、风阻系数、车辆迎风面积有关。车辆在失控后是在做一个变加速运动，加速度逐渐减小，当坡度阻力、滚动阻力和空气阻力平衡的时候，车辆加速度为0，车速处于一个恒定的状态。然而，这个速度一般都比较高，车辆在到达这个速度之前就可能已经发生事故。

失控时车辆的速度也很重要，直接关系到计算结果的准确程度，因此，这个失控时的速度应该尽可能地接近正常行车的速度。然而在实际情况中，由于种种原因，车辆很少能够按照设计速度来行驶。一般来说,超速的情况占了大多数。所以,推荐采用车辆的运行速度(v_{85}),在无法调查得到运行速度的情况下,则采用设计速度。

影响滚动阻力的因素很多,包括车速、接触压力或轮载、车轮大小、反映轮胎材料损失和弹性特性的常数、路面材料级配、含水量、冰冻情况、平整度、压实度等。不同路面类型的滚动阻力系数范围可如表5-1 所示。

不同路面类型的滚动阻力系数 表5-1

地面类型	f	地面类型	f
良好的沥青或水泥路	0.010~0.018	冰路面	0.015~0.030
一般的沥青或水泥路	0.018~0.020	压紧的雪路	0.030~0.050
碎石路	0.020~0.025	卵石路面	0.025~0.030
干燥土路	0.025~0.035	干砂路面	0.100~0.300
潮湿土路	0.050~0.150	湿砂路面	0.060~0.150

在美国密歇根大学交通研究中心(the University of Michigan Transportation Research Institute),发展了估算子午线和斜交的重型载货汽车轮胎滚动阻力系数的类似方程,轮胎滚动阻力系数分别取0.0130、0.0226、0.0276来分别代表良好的水泥路面、一般的水泥路面、破损的水泥路面。

5.2.2 加速度容许值

在制动器严重热衰退造成车辆制动失效后,车辆在下坡路上滑行,速度越来越快,在到达避险车道入口处速度达到最大值,并冲入避险车道,在制动路床作用下,速度快速减小直至停车,达到避险的目的。在这一过程中,车辆必须时时刻刻满足受力平衡。在纵向方向上汽车行驶时受到牵引力和阻力的作用,要防止车辆达到过大的速度,避免避险车道设计得过长或驾驶员受到过大的纵向加速度;在横向方向上,通过弯道时速度越快,离心力越大,车辆要通过到达避险车道前的所有弯道和顺利驶入避险车道,就要满足离心力小于附着力的条件,防止车辆侧滑甚至侧倾。

避险车道的设计应保证失控汽车能安全驶出之前所有半径的弯道,和在进入避险车道时可以顺利掌控转向盘使车辆得以正面冲向避险车道。有关文献表明,在不设超高的双向横坡曲线上进行行驶试验,人体对横向加速度的感受如表5-2 所示。

人体对横向加速度的感受 表5-2

横向附着系数μ	横向加速 $a_h=\mu g$(m/s^2)	人体的舒适程度
$\mu \leqslant 0.1$	1.00	不感到有曲线存在,很平稳
$\mu \geqslant 0.15$	1.50	稍感到有曲线存在,尚平稳
$\mu \geqslant 0.20$	2.00	已感到有曲线存在,稍感不平稳
$\mu \geqslant 0.35$	3.50	感到有曲线,存在不平稳
$\mu \geqslant 0.40$	4.50	非常不平稳,有倾车的危险感

对于载货汽车来说,载货高度和载重量很大,依靠载货汽车车框钢板、螺栓及货物包

裹篷布、绳索的约束，车载货物均可保持稳定、不散落。驾驶员和乘客的人身安全也有足够的保障。通过小半径曲线时，如果速度较大，则货物受较大的侧向惯性力作用，汽车车框可能产生严重变形，甚至破损、断裂；约束货物的篷布的绳索的受力增大，也可能导致篷布破损、撕裂、绳索松动、断裂；此时车载货物出现严重的抛洒、散落现象。从载货汽车驾驶操作性来说，加速度 a_h 值大于 $0.4g$ 后，感觉非常不平稳，有倾车的危险感，容易引起司机的紧张情绪。从安全角度考虑，加速度 a_h 值一般不宜大于 $0.4g$。据此，建议最大横向加速度作为指标值为 $a_h = 4.0\mathrm{m/s^2}$。

关于竖向加速度指标可查阅的参考资料较少。有参考文献根据人体感受程度对垂直（即竖向）加速度允许的界限值进行了规定：

(1) 当 $a_s < 0.315\mathrm{m/s^2}$ 时，保持舒适。

(2) 当 $a_s = 0.315 \sim 0.63\mathrm{m/s^2}$ 时，稍有不适。

(3) 当 $a_s = 0.63 \sim 1.25\mathrm{m/s^2}$ 时，相当不适。

(4) 当 $a_s > 1.25\mathrm{m/s^2}$ 时，非常不舒适。

据此，从保持驾驶员操作工效出发，a_s 应小于 $1.25\mathrm{m/s^2}$。

根据人体生物力学的特性，汽车碰撞造成的人体损伤可分为机械损伤、生物损伤和心理损伤。机械损伤指人体在直接的碰撞载荷作用下产生的内伤和外伤，如骨折和皮肉撕裂等，即外在的强度超过了人体骨骼或肌肉组织的承受极限；生物损伤指在碰撞导致的加速度作用下人体某些部位（如大脑）产生的生物功能损伤，如脑组织发生分离而失去知觉等；心理损伤指碰撞过程对人体的心理造成的惊慌和恐惧感等。驾乘人员在碰撞过程中受到损伤的主要原因可归纳为以下四点：

(1) 一次碰撞过程过分剧烈，以致传递到驾乘人员身上的加速度值超过了人体的耐受极限，使人体器官受到损伤。

(2) 碰撞过程中乘坐室外部件刚硬物体（如发动机、货物）侵入乘坐室内部，直接将驾乘人员挤压伤亡。

(3) 驾乘人员在车内遭受单次或多次“二次碰撞”而受伤。

(4) 在碰撞过程中，乘坐室变形太大，以致驾乘人员缺乏生存空间而伤亡。

伤害忍受限度定义为人体或人体的某一部位对一个特定的伤害等级所能忍受的力和加速度级别。由美国汽车医学协会提出的简化伤害标准 AIS 是目前广泛采用的伤害级别的衡量指标。1960 年美国韦恩州立大学 Lissner 提出直线加速度下头部耐冲击性的韦恩州伤害标准 WSTC 曲线，如图 5-2 所示。

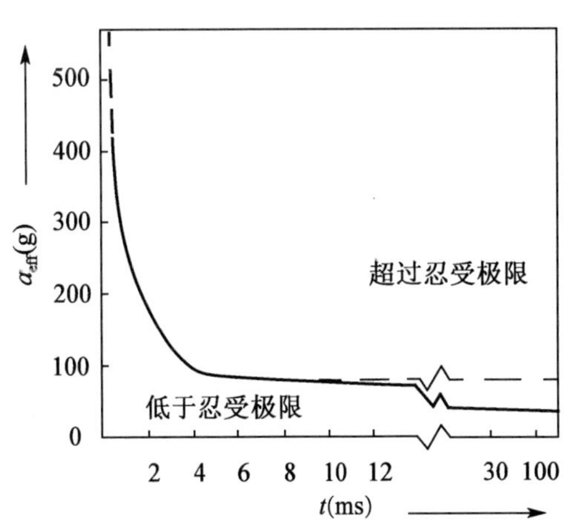

图 5-2　韦恩州伤害标准 WSTC 曲线

在此基础上，形成了头部伤害标准 HIC。HIC 采用下式计算：

$$\mathrm{HIC}=\max\left\{(t_2-t_1)\left[\frac{1}{t_2-t_1}\int_{t_1}^{t_2}a(t)\,\mathrm{d}t\right]^{2.5}\right\} \tag{5-16}$$

式中：t_1——碰撞过程中的任意时刻；

t_2——相对于 t_1，HIC 达到最大值的时刻；

a——头部质心的加速度。

汽车碰撞中人的头部主要会受到两种伤害，一是头盖骨骨折，二是脑损伤（脑震荡）。由于在事故中，头盖骨骨折的情况有 80% 都伴有脑震荡，所以，在尸体试验中以头盖骨骨折为准来判定脑损伤。美国韦恩州立大学（wayne state university）生物力学研究室经过对死者头部的大量试验研究，于 20 世纪 60 年代初得出了一条人体头部承受能力的极限曲线，后来通过数学变换的方法得到了 HIC 的计算公式，将 HIC = 1000 定为头部伤害指标，对积分的时间间隔没有限制。根据 HIC 计算公式的特点，如果不对积分的时间间隔限制，在人体经历持续时间较长、加速度峰值不高、波形趋向矩形的冲击过程时，HIC 的计算结果就会很大，这和人体头部伤害的实际情况是不相符的。为了避免这种计算偏差，现行的欧、美法规都对积分的时间间隔限制为 36ms（以下记为 HIC36）。

在后来的研究中，Hondgson 发现，引起人头部头盖骨骨折或脑震荡的有效加速度历程不超过 15ms。Prashad、Mertz 在大量的尸体试验中也发现，在发生头盖骨线形骨折或脑部伤害的样本中 HIC 的积分时间间隔都不超过 15ms，大部分为 10ms 左右。在经过充分论证的基础上，美国 AAM（The A1liance of Automobile Manufacturers）推荐新的头部伤害指标计算 HIC 时规定 $(t_2-t_1)\leq 15\mathrm{ms}$（以下记为 HICl5），伤害指标为 HICl5≤700，该伤害指标已经被 FMVSS 208 法规（2000 年版）采用，并对 2003 年后生产的车辆实施。实际上对于头部没有和车内尖锐部件发生强烈撞击的情况，没有时间间隔的 HIC 计算方法夸大地描述了人头部的伤害，进行 36ms 时间间隔限制后对伤害的评价和尸体试验的结果的符合性有所改善，进行 15ms 的限制后评价将更为客观。

各国正面碰撞法规中主要成员保护指标及正面碰撞法规比较见表 5-3、表 5-4。

各国正面碰撞法规中主要成员保护指标 表 5-3

伤害指标		美国	欧洲	日本	韩国	中国
头	HIC≤1000					√
	HIC≤1000					
	$t_1-t_2\leq 36\mathrm{ms}$	√	√	√	√	
	HIC≤700					
	$t_1-t_2\leq 15\mathrm{ms}$	√				
胸	$ThCC\leq 75\mathrm{mm}$	√		√	√	√
	$ThCC\leq 63\mathrm{mm}$	√				
	$ThCC\leq 50\mathrm{mm}$					
	$60g(3\mathrm{ms})$	√	√		√	
	$VC\leq 1.0\mathrm{m/s}$		√			
腿	$FPC\leq 10\mathrm{kN}$	√	特殊规定	√	√	√
颈	颈部指标	√	√			

国内外正面碰撞法规比较　　表 5-4

项　　目	中国 GB 11551—2003	美国 FMVSS208	欧洲 ECER94
固定臂障质量(t)	70 以上	45 以上	70 以上
牵引加速度	没要求	0.5g 以下	没要求
垂直加速度	0.29g 以下	0.29g 以下	0.29g 以下
假人标定室温度(℃)	20.5 ~ 22.2	20.5 ~ 22.2	20.5 ~ 22.2
车辆标态温度(℃)	19 ~ 22	20.5 ~ 22.2	19 ~ 22
假人	2 个 HybriddⅢ50 百分位男性假人	HybriddⅢ50 百分位男性假人	2 个 HybriddⅢ50 百分位男性假人
伤害值(最大允许值)	头部 HIC:1000; 胸部变形:75mm; 大腿力:10kN	头部 HIC:1000; 胸部变形:76.2mm; 胸部 G:60g;大腿力:10kN	头部 HIC:1000; 胸部变形:75mm; 大腿力:10kN
碰撞角度	0°	(0 ~ 30)°	40% 偏置碰撞
碰撞速度(km/h)	48 ~ 50	48.3	56
碰撞位置精度	±150	±150	±150

对于车辆水平方向的减速率,调查美国的实验数据如图 5-3 所示,可以看到冲入车辆的最大减速率一般低于 0.5g。如果一辆载货汽车以 140km/h 的速度驶入避险车道,以 0.5g 的加速度降速将需要 4s,累计的 HIC 将达到 2000,但如果按照 36ms 计算,HIC 只有 18。这说明一般情况下,只要车上不存在锐利物,正常驶入足够长的砾石制动床的避险车道是安全的。

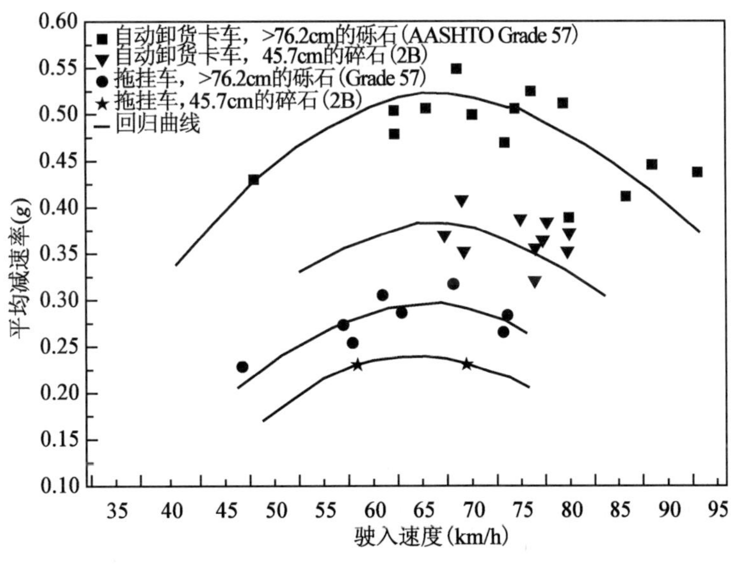

图 5-3　载货汽车驶入避险车道的平均减速率

但如果避险车道不够长,出现与端部山体或锥坡的碰撞,如按车辆剩余速度为 40km/h 碰撞时间按 72ms 计算,那么短时间加速度峰值将达到 84g,HIC 将达到 3024。如果按 HIC = 1000 反算,碰撞时间按 72ms 计算,容许车辆加速度只能有 28g,则车速在端部的碰撞车速不能超过 13km/h。另外一个办法，就是要在端部设置缓冲装置，延长碰撞时间。

在实践中，经常发现由于货物碰撞过程中乘坐室外部件刚硬物体，如发动机、货物(管桩、钢筋、毛竹)等侵入乘坐室内部，直接将司乘人员挤压造成伤亡；在碰撞过程中，乘坐室变形太大，以致司乘人员缺乏生存空间而伤亡。

5.2.3 入口处竖曲线半径最小值

避险车道入口处是连接主线与避险车道的关键部位，此处失控车辆速度较高，驾驶员心理特别紧张。此处的设计应有利于驾驶员观察到整个避险车道的位置和形状，应不影响驾驶员对车辆的控制、不影响驾驶员的视线、不增加驾驶员生理上的压力。潘兵宏对避险车道入口处竖曲线半径最小值开展了较深入的研究，本指南采用该研究建议值。

山区公路需要设置制动车道的路段，地形一般都较复杂，设置过长的制动车道往往难以实现，因而一般推荐采用上坡道型的避险车道。采用上坡道型和水平坡道型，避险车道入口处竖曲线都是凹形；从平面布置上看，避险车道入口处的竖曲线一般与引道的位置相对应。

汽车行驶在凹形竖曲线上是超重。这种超重达到某种程度时，驾驶员就有不舒适的感觉。如上节所示竖向加速度应该小于 1.25m/s^2。因失控车辆驾驶员已经非常紧张，从保持驾驶员操作工效出发，不应该让驾驶员感到极其紧张，因此，从有利于驾驶员操作且不再增加驾驶员紧张感的角度出发，竖向加速度宜小于 0.63m/s^2。因此，将竖向加速度取 1.25m/s^2 时的竖曲线半径值作为极限最小半径，将竖向加速度取 0.63m/s^2 时的竖曲线半径值作为一般最小半径。据此计算不同入口速度下的竖曲线半径值如表 5-5所示。

满足竖向加速度要求的避险车道入口处竖曲线最小半径 表 5-5

入口速度(km/h)		140	130	120	110	100	90	80
计算最小竖曲线半径(m)	极限值(竖向加速度 a_s = 1.25m/s^2)	1200	1000	900	800	600	500	400
	一般值(竖向加速度 a_s = 0.63m/s^2)	2400	2100	1800	1500	1200	1000	800

夜间失控车辆在避险车道上行驶时，若竖曲线半径过小，前照灯照射距离过近，会影响驾驶观察制动车道的位置和方向，不利于驾驶员准确驶入制动车道。为保证失控车辆准确驶入制动车道，在失控车辆刚进入引道时，车灯至少能照亮制动车道的起点，这样驾驶员在引道上可看清制动车道的起点，及时调整方向，对准制动车道驶入，如图 5-4 所示。

重型载货汽车前照灯的安装高度为 0.95 ~ 1.15m，建议按 1.0m 取值。关于车前灯光束扩散角，我国路线设计规范中取为 1.5°，同时保证 3s 的行程，保证失控车辆刚进入引道时，驾驶员至少能看见制动车道前端 20 ~ 30m 远的距离。将前照灯照射距离等于引道长度时计算得到的值作为极限最小半径，引道的长度加 20m 时对应的竖曲线半径作为一般值，计算结果见表 5-6。

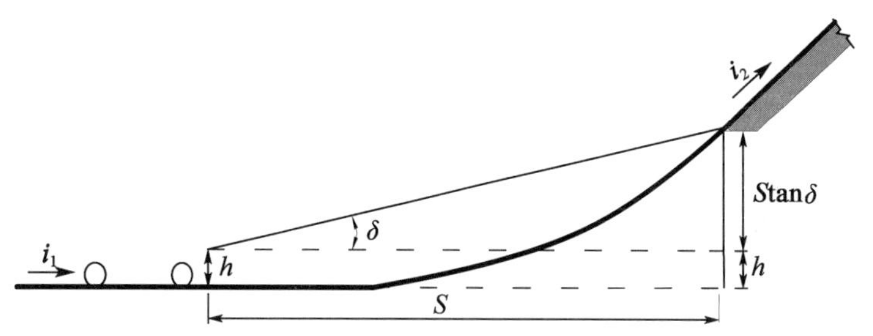

图 5-4 竖曲线上车灯照射距离

满足夜间前照灯照射距离的避险车道入口处竖曲线最小半径 表 5-6

入口速度(km/h)		140	130	120	110	100	90	80
前照灯照射距离(m)	引道 3s 行程	116.7	108.3	100	91.7	83.3	75	66.7
	引道 3s 行程 +20m	136.7	128.3	120	111.7	103.3	95	86.7
竖曲线半径(m)	极限值	1700	1500	1400	1200	1100	900	800
	一般值	2000	1900	1700	1600	1400	1300	1100

根据缓和冲击并保证驾驶员的操作工效、调整方向的行驶时间及夜间前照灯照射距离要求 3 个限制因素，计算出不同入口速度时的竖曲线最小半径和最小长度如表 5-7 所示。建议避险车道入口处竖曲线最小半径值和最小长度值为表 5-7 所示的值。

建议的避险车道入口处竖曲线半径最小值和最小长度 表 5-7

入口速度(km/h)		140	130	120	110	100	90	80
竖曲线半径(m)	极限值	1700	1500	1400	1200	1100	900	800
	最小值	2400	2100	1800	1600	1400	1300	1100
竖曲线最小长度(m)		115	110	100	90	80	75	65

5.3 避险车道长度、纵坡设计

5.3.1 长度设计

避险车道应有足够的长度，以满足驶入的车辆能在避险车道内安全停住。避险车道的长度 L 由三段组成：引道 L_0 、一般减速段 L_1 和强制减速段 L_2 。引道是指从避险车道与主线的交点到一般减速段起点的长度；一般减速段是指从避险车道的全宽处至避险车道减速路面起点处的长度；强制减速段是指从避险车道减速路面起点处至避险车道终点的长度。L_1 和 L_2 共同构成了避险车道制动床的长度，如图 5-5 所示。

5.3.2 引道长度

引道的作用是连接主线和避险车道，在美国各州公路工作者协会的“绿皮书”中指出，避险车道的引道，一方面确保载货汽车能够在较高的速度情况下安全驶入避险车道；另一方面，有足够的视距来保证驾驶员能够清晰地看到避险车道的全部线形，车辆的前后轮同时驶入紧急避险车道，避免左右车轮受力不均匀。

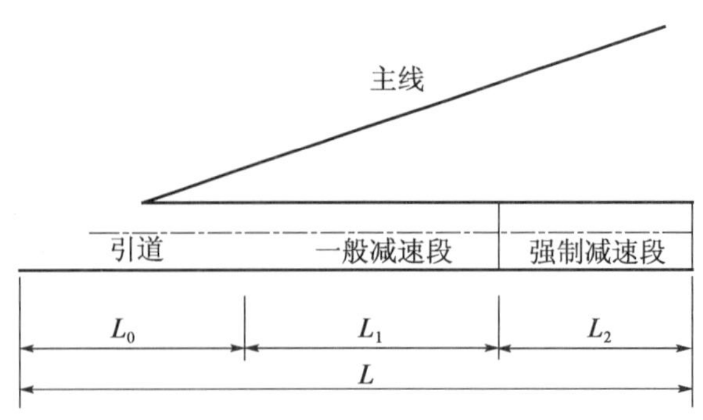

图 5-5　避险车道平面长度计算示意图

引道的设置应保证失控车辆的驾驶员在引道的起点就能清晰地看到避险车道的全部线形,增加驾驶员使用避险车道的安全感。《公路安全保障工程实施技术指南》指出引道是连接着主线和避险车道,为主线和制动床之间提供了一定的偏移量,避免制动床砂砾飞溅回主线影响主线交通,并为驾驶员提供了充足的反应时间和空间操纵车辆安全地驶入避险车道。美国交通运输工程师协会(ITE)也强调引道的视距和线形应该清晰,并且在避险车道前方设置一些避险车道的预告标志、限速标志和重型车制动检查站也是设置避险车道不可忽视的内容。

引道的长度由以下几方面因素确定:渐变段长度和主线与避险车道的竖曲线长度以及地形因素。在美国亚利桑那州交通运输部出版的《避险车道设计指南》(1987)指出连接公路行车道与避险车道路床的距离至少要大于305m,引道宜设置在平曲线的切线方向,驶出角度宜小于10°。

失控车辆从主线驶出进入制动车道前,应在引道上调整好行驶方向,以便车辆准确驶入制动车道减速停车。避险车道设计时,引道部分一般与竖曲线的设置位置基本一致。位于引道位置的竖曲线长度不应过短,应保证驾驶员在引道上有足够的时间调整好方向,最短应保证有3s的调整时间。因在3s时间内失控车辆在引道上速度变化较小,所以采用匀速运动公式计算3s时间失控车辆行驶的长度,结果见表5-8。

满足3s行程的避险车道入口处竖曲线长度(取整)　　表5-8

入口速度(km/h)	140	130	120	110	100	90	80
竖曲线最小长度(m)	115	110	100	90	80	75	65

为保证制动失效的车辆在高速运行下能够顺利驶入避险车道,且在避险车道中行驶姿态基本平稳,避险车道入口与主线的衔接设计非常重要。现行《公路路线设计规范》(JTG D20—2006)第11.3.7条对匝道出入口端部设计作了详细的规定,避险车道入口与主线的衔接设计可参照相关规定执行。

避险车道与主线的衔接宜采用直接式,所谓直接式是指避险车道以一定的偏角,从主线外侧车道直接分离出来。当避险车道设置在主线弯道外侧时,避险车道可以从主线弯道的切线方向直接分离出来,这种方式能最大限度地使失控车辆较平稳地从主线车道驶入避险车道。

由于制动失效的车辆速度很快,驾驶员已极难操控,为了让失控车辆能较为顺利地进入避险车道,在避险车道渐变率和分流鼻的设计上(图5-6、图5-7)与匝道设计参数取值有所不同,要充分考虑失控车辆的高速度和行驶轨迹的摆动,渐变率应尽量小,分流鼻的偏置值和过渡段长度应适当加大。

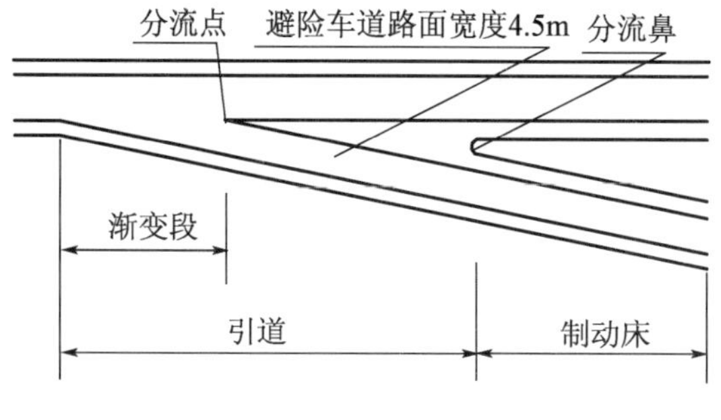

图5-6　避险车道与主线衔接示意图

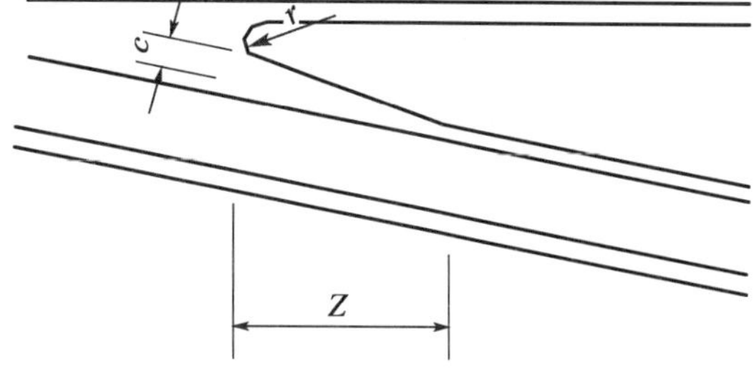

图5-7　分流鼻端部大样图

引道的终点应设置成方形,使制动失灵车辆的前轴两轮能够同时进入避险车道;引道宽度可设计成由窄到宽的渐变段,入口为3.8~5.5m,末端宽度与制动床宽度相同,二者应平顺连接(图5-8)。

图5-8　美国某避险车道与主线衔接实例图

为了便于制动失灵车辆平稳驶入,禁止将避险车道设置在主线为右转曲线的路段。设置于左转曲线或直线路段时,也应控制避险车道与主线的交角。有关研究和指南建议,避险车道的设计轴线应为直线,与公路行车道之间的夹角应尽可能取较小值,其在于驾驶员不需要操作方向盘即可驶入避险车道。而且与公路行车道平行的避险车道还可以使道路占地最小化。

交角指避险车道的中心线与主线行车道外侧曲线的切线间的夹角。当避险车道位于主线为曲线路段时,避险车道的交角以小于5°为宜,特殊情况不应超过10°。

5.3.3　一般减速段的长度

一般减速段的功能是使失控的车辆沿一定的上坡行驶一段距离,车速有一定的降低后,再进入强制减速段,减速停车。避免失控车辆高速进入强制减速段后,受减速路面的阻尼作用突然减速,而造成驾驶员和乘客的伤亡和车辆的损失。一般减速段设计成上坡,其长度与纵坡坡度和车辆驶入速度有关。车辆减速上坡行驶符合式(5-17):

$$F + R_f + R_w = -am \tag{5-17}$$

$$a = -g\sin\theta_1 - gf\cos\theta_1 - \frac{KAv^2}{21.15m} \tag{5-18}$$

式中：F——坡度阻力；

m——汽车质量（kg）；

R_f——滚动阻力（N）；

R_w——空气阻力（N）；

g——重力加速度（m/s^2）；

a——汽车加速度（m/s^2）；

f——滚动阻力系数；

θ_1——一般减速段与水平面的夹角（弧度）；

K——空气阻力系数；

A——汽车迎风面积（m^2）；

v——汽车进入避险车道一般减速段时的速度（km/h）。

在实际工程设计中，为保证制动失效的车辆在进入强制减速段时，车速不至过高，尽量避免人员伤亡和降低车辆损失，可先设定车辆进入强制减速段的速度 v_1 。根据有关实验和调查，一般情况下载重载货汽车以 60 ~ 80km/h 的速度驶入松散状碎石减速路面时，车辆无大的损失。所以可取 v_1 = 60 ~ 80km/h。根据牛顿第二定律得一般减速段的长度满足式（5-19）：

$$L_1 = \frac{v^2 - v_1^2}{2\left(g\sin\theta_1 + gf\cos\theta_1 + \frac{KAv^2}{21.15m}\right)} \tag{5-19}$$

为了使车辆平稳减速停车，制动床集料的铺设应由浅入深逐渐过渡到完全深度。制动床入口处集料的最小厚度为 75mm，集料铺设深度应沿制动床方向在制动床入口之前一定范围内逐渐过渡，直到完全深度，变化应平缓，不可出现跳跃或落差，渐变段长度应大于 8m。

应做好引道与制动床反坡形成的凹形竖曲线段的设计，竖曲线极限指标最低应按现行山岭重丘区三级公路标准控制，应完善竖曲线底部的排水排污设施设计，确保排水排污顺畅，且不能造成环境污染或水土流失等灾害。

5.3.4 强制减速段的长度

强制减速段一般设计成平坡或一定的上坡，其长度与散粒材料的摩阻力和纵坡坡度以及车辆驶入速度有关。强制减速段的长度可按基于车辆-地面力学中的动量原理或者基于运动学的方法计算，具体详见前面章节。避险车道的长度是根据行驶速度、坡度、坡床材料的滚动阻力系数而确定的。应综合考虑汽车滚动阻力和坡度的影响，“绿皮书”中避险车道的计算如式（5-20）：

$$L = \frac{v^2}{254(R \pm G)} \tag{5-20}$$

式中：L ——停车距离(m)；

v ——初始速度(km/h)；

G ——坡度(%)；

R ——滚动阻力系数。砂为 0.15，豆砾石为 0.25，其他滚动阻力系数见表 5-9。

美国避险车道路面材料与滚动阻力系数对应表　　表 5-9

路面材料	滚动阻力系数	路面材料	滚动阻力系数
普通水泥混凝土	0.010	压碎的集料	0.050
沥青混凝土	0.012	松散的砾石	0.100
压实砾石	0.015	砂	0.150
松散的泥土、砂	0.037	豆砾石	0.250

分析认为，普通公路避险车道的制动距离计算关键是驶入车速的确定，驶入车速对制动距离长度的计算是成二次方的影响规律。在计算方法方面，只有在集料条件好、车速较低的情况下，可以采用动量法计算，或者采用较高的路床阻尼系数。但一般情况下，考虑到普通公路往往技术标准和养护标准较低，仍然建议采用较为保守的经验计算公式，同时阻尼系数采用推荐值或低值。

而对于高速公路的避险车道制动距离计算来讲，一方面由于制动距离对车速的显著敏感性，另一方面从离散元理论和实车试验的观察都表明，高速运动下车辆还会出现砾料路床的"跳车"现象，而不会出现完全陷入的情况（减速度小于 $0.5g$），因此，也建议采用较为保守的经验计算公式，同时阻尼系数采用推荐值或低值。

5.3.5　避险车道纵坡设计

避险车道的纵面线形也应是直线，保证避险车道任一部分均在失控驾驶员视线之内。避险车道的纵坡设计首先要参照现行《公路路线设计规范》(JTG D20—2006)，再考虑避险车道的特殊性。

为让失控车辆尽快减速，避险车道纵坡一般应设计成上坡。一般减速段和强制减速段可设计成同一坡度，也可设计成不同坡度的两个坡段。图 5-9 为避险车道纵坡设计示意图。

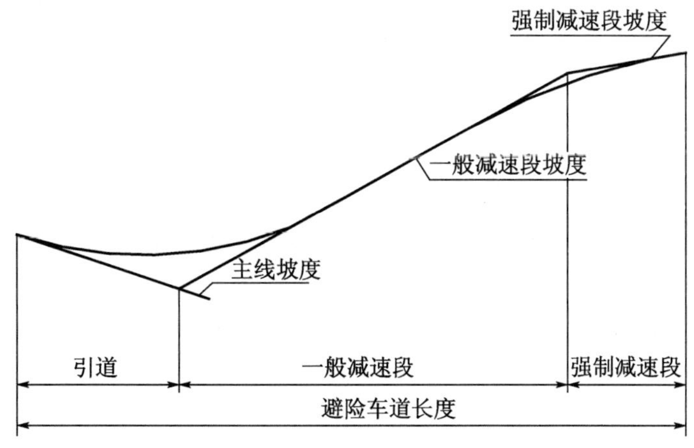

图 5-9　避险车道纵坡设计示意图

避险车道的长度与纵坡大小密切相关，纵坡越大，所需的最小长度越短，纵坡越小则所需的最小长度越长。一般情况下，建议避险车道一般减速段的纵坡度取值在3%～12%之间，目前避险车道制动床的坡度一般取5°～10°，强制减速段纵坡也可以设计为平坡或小于3%的上坡，为了防止车辆倒回主线，最大坡度在14°以下，同时坡度设计还应考虑车辆在进入路床时由于坡度急剧变化而产生的瞬间加速度，对驾驶员造成直接伤害，或因车辆货物冲击驾驶室造成二次伤害。

5.4 避险车道横断面设计与结构形式选择

5.4.1 横断面设计

避险车道横断面主要由避险车道制动床、服务车道、安全带和路侧护栏四部分组成，如图5-10所示。

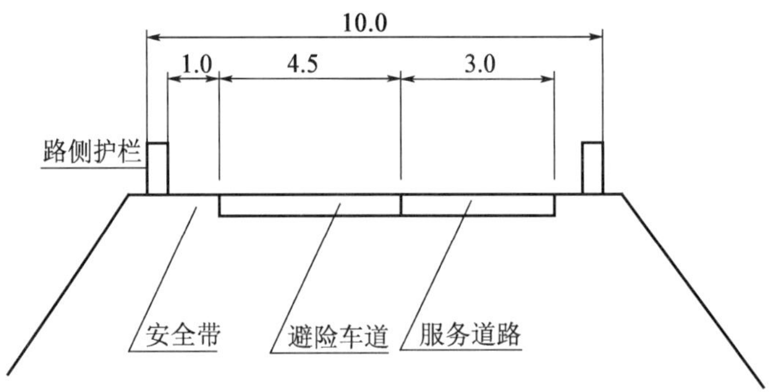

图5-10 避险车道横断面一般构成图(尺寸单位：m)

“绿皮书”提出避险车道的宽度应保证一辆以上的车辆驶入，宽度应至少8m(26ft)，理想的宽度为9.2～12.2m(30～40ft)。但是，由于避险车道宽度影响工程费用，美国多数州只考虑一辆载货汽车驶入避险车道的情形。避险车道制动床按规范规定，其宽度不小于4.5m，应满足至少一辆的失控车辆进入避险车道，通常取8m，在载货汽车交通量不大的公路路段，避险车道制动床宽度可取5m。

服务道路是指用于救援车辆和养护避险车道的行驶通道。当失控车辆停车后，救援车辆能行驶到失控车辆的旁边或前方，顺利实施救援。服务道路采用单车道，宽度至少为3m，一般在3.5～5.5m。为了显示服务道路和制动床的区别，应对服务道路路面进行适当的硬化处理，也可用砾石铺设，但注意避免失控车辆的驾驶员将服务道路误认为是制动坡床而作为避险车道使用。

为了防止制动床材料冻结和污染，需要对避险车道的制动床进行及时排水。“绿皮书”提出在制动床底部设置坡度以排水，并设置横向排水设施和侧向排水边沟。

安全带是指避险车道路面左侧边缘距防撞设施的距离。由于失控车辆在避险车道行驶时，方向可能出现一定的偏移，安全带的作用是提供一定的安全宽度，防止车辆撞坏防护设施，冲出避险车道。安全带宽度一般取1.0m。

防撞设施是指设在避险车道两侧和终点、防止失控车辆冲出避险车道路基的安全设施,同时起导向作用,应符合现行《公路交通安全设施设计规范》(JTG D81—2006)的有关规定,可采用波形梁护栏或混凝土护栏。引道宽度可设计成由窄到宽的渐变段,入口为3.8~5.5m,末端宽度与制动床宽度相同,二者应平顺连接。避险车道横断面各部分最小宽度建议值可参考表5-10。

避险车道横断面各部分最小宽度建议值　　表5-10

避险车道路面(m)	4.5	防撞设施(m)	2×0.5
救援道(m)	3.5	避险车道路基全宽(m)	10.0
安全带(m)	1.0	—	—

5.4.2　一般减速路面结构形式

由于一般减速路面是以纵坡和滚动摩擦系数对高速失控车辆进行初步减速,所以一般减速路面的结构形式一般要选择既能保证车辆平稳行驶,又能提供较大滚动阻力系数的路面结构。表5-11列出了不同路面的滚动摩擦系数。

不同路面的滚动摩擦系数　　表5-11

路面类型	滚动摩擦系数	路面类型	滚动摩擦系数
良好的沥青或混凝土路面	0.015~0.018	良好的卵石路面	0.025~0.030
一般的沥青或混凝土路面	0.018~0.020	坑洼的卵石路面	0.035~0.050
泥结碎石路面	0.020~0.025	干燥土路	0.025~0.035

从表5-11可以看出,一般减速路面建议采用级配碎石路面或良好的卵石路面。

5.4.3　强制减速路面结构形式

针对制动床型避险车道的制动床材料主要有砂子、天然砂砾、砾石和豆砾石等材料,"绿皮书"建议避险车道应该采用干净的、不易固结的、滚动阻力系数较大的材料作为坡床材料,Witheford对美国27个州的避险车道调查以后,发现坡床材料主要是豆砾石。

"绿皮书"和Witheford对坡床材料的深度也提出了要求,坡床材料的深度应为50~110cm,在避险车道的入口前30~60m的路段,材料深度要从7cm过渡到正常深度。Wambold在对坡床材料进行试验后,得到如下结论:理想坡床材料的粒径应为1.27cm左右,变化范围为0.63~3.81cm,这种粒径的材料具有较高的滚动阻力系数。

建议集料为光圆且不易压碎的砾石,不建议使用人工碎石和砂砾。路床材料的粒径越小,制动效果越明显。根据目前的分析结果,认为合理粒径应当在2~5cm,且不建议使用5cm以上的集料。建议采用的集料长径比应该在1.6以下,坡床材料深度不小于70cm。

5.5　避险车道制动效果多参数组合设计

5.5.1　驶入距离与驶入速度的统计与理论关系

驶入速度、车重对驶入距离有不同程度的影响(图5-11)。相近的驶入速度下,车重越大，驶入距离越小；车重较小的情况下，驶入速度增加，车辆驶入距离随之增大。

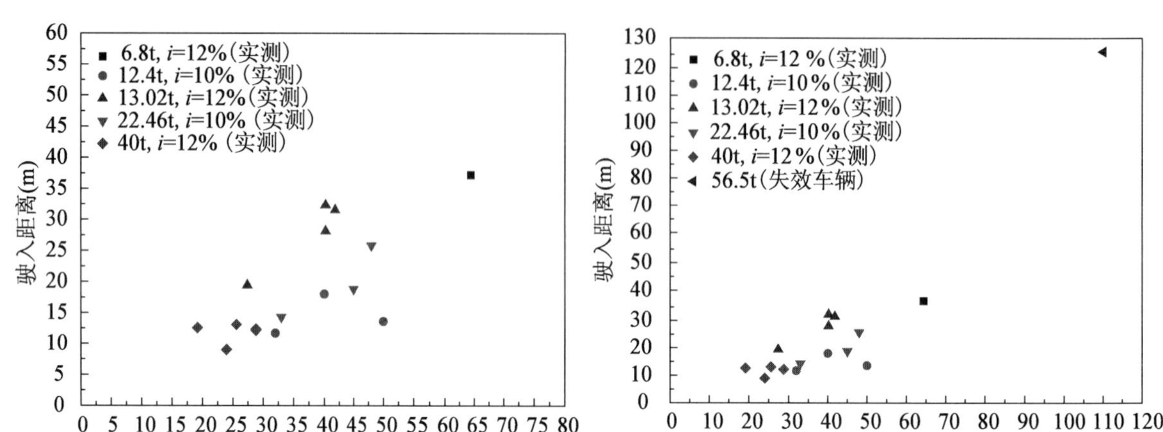

图 5-11　驶入距离与驶入速度的关系

研究认为，在低速运动下，车重影响车辆的车轮陷入深度，车重越大，车轮陷入深度越深，制动床集料对车辆的动能消耗越大，阻尼性能较好。

车重较轻，或者车速较高的情况下，驶入距离将显著增大，这个时候车辆不容易陷入路床，甚至会出现跳车的情况，美国的实测数据分析发现，各类车辆的冲车减加速度不会超过0.5g。这说明高速情况下，路床材料的阻尼系数会处于稳定的中低值水平，驶入速度为驶入距离的关键因素。

由图 5-12 可以看到，基于动量法的计算驶入距离比经验法的计算驶入距离更小。这是因为，在相同的制动车床参数情况下，动量法考虑到了压实阻力、推土阻力、坡度阻力，以及滚动阻力、空气阻力等，并且对直径、车辆轴型等因素也加以考虑，而理论解析公式只反映了坡度、车速的关系，故理论法计算出来的驶入距离偏于保守。理论公式法与高速行车、阻尼较小的情况下的计算较为接近，而在低速驶入的情况下计算值偏低。

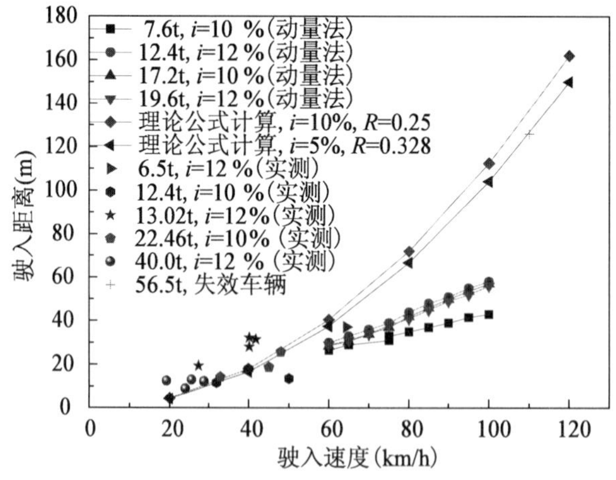

图 5-12　驶入距离与驶入速度关系的试验和理论对比图

由图 5-13 可看出，在驶入距离方面坡度的调节能力较弱，而代表材料的阻尼系数调节能力较强。

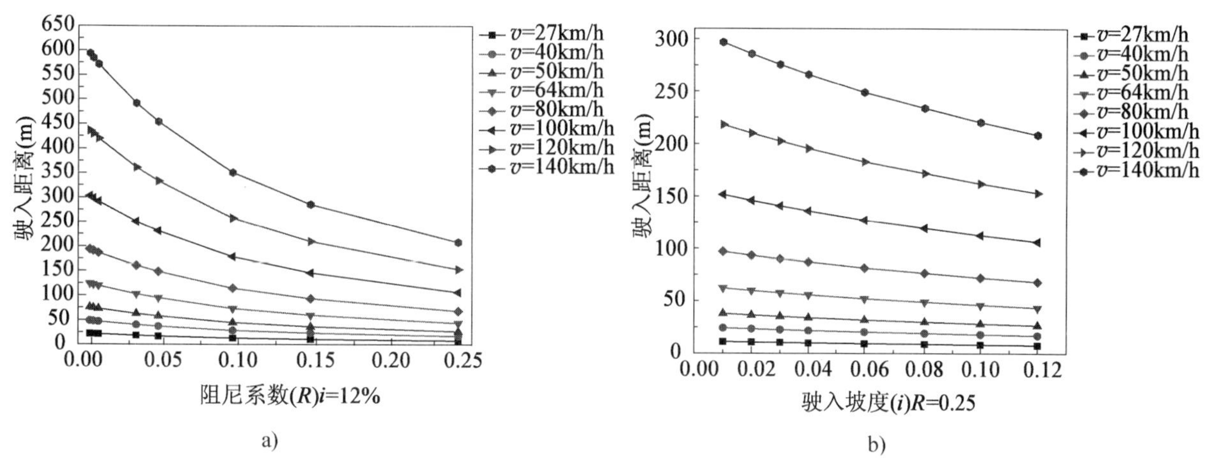

图 5-13　阻尼系数和驶入坡度与驶入距离的理论关系图

a)阻尼系数与驶入距离的理论关系图;b)驶入坡度与驶入距离的理论关系图

5.5.2　陷入深度与车重、驶入速度统计关系

从图 5-14、图 5-15 中可以看出,车轮陷入深度受车重影响明显,车重越大车轮陷入深度越大,说明车轮的陷入深入与车重的相关性较大。驶入速度、制动车床的集料特性、轮轴分布等可能对陷入深度有着一定程度的影响。总体来看,车重更影响陷入深度。

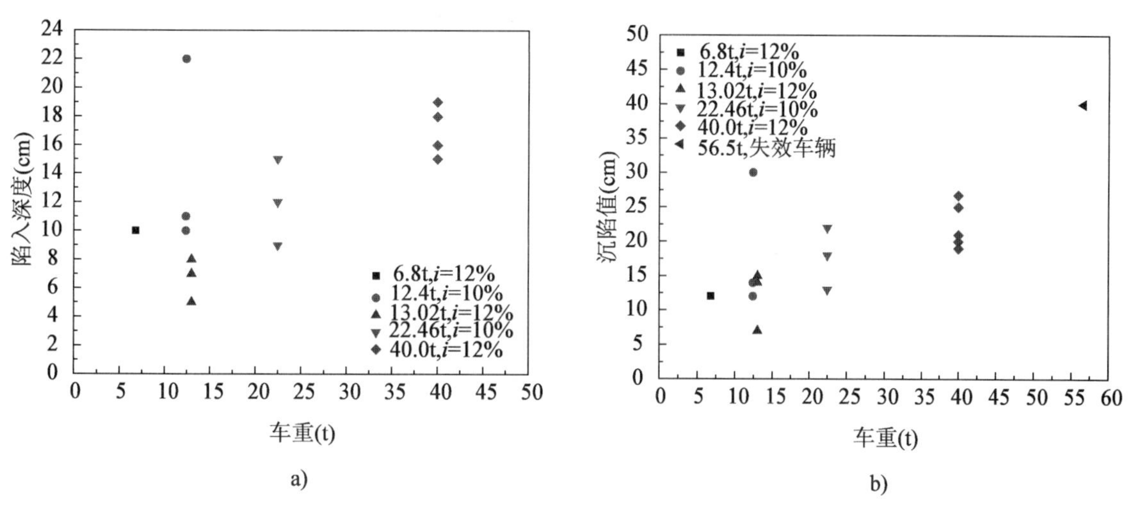

图 5-14　陷入深度和车重的关系图

a)平均值;b)最大值

5.5.3　阻尼系数与驶入速度、沉陷深度统计关系

从图 5-16 中可看出,阻尼系数并不是一个常数,而是受多因素的影响,随车辆轴型、总重、驶入速度的变化而变化。车重较大的情况下,阻尼系数较大。

图中一些点的阻尼系数相对其他比较大。这是由于在试验车辆驶入避险车道过程中,由于驾驶员的本能条件反应,当感觉危险的时候会实施制动。由于驶入避险车道时车辆速度较大,车辆在避险车道内运动剧烈,因此在进入避险车道时驾驶员就实施了制动,其余试验中驾驶员均没有实施制动。

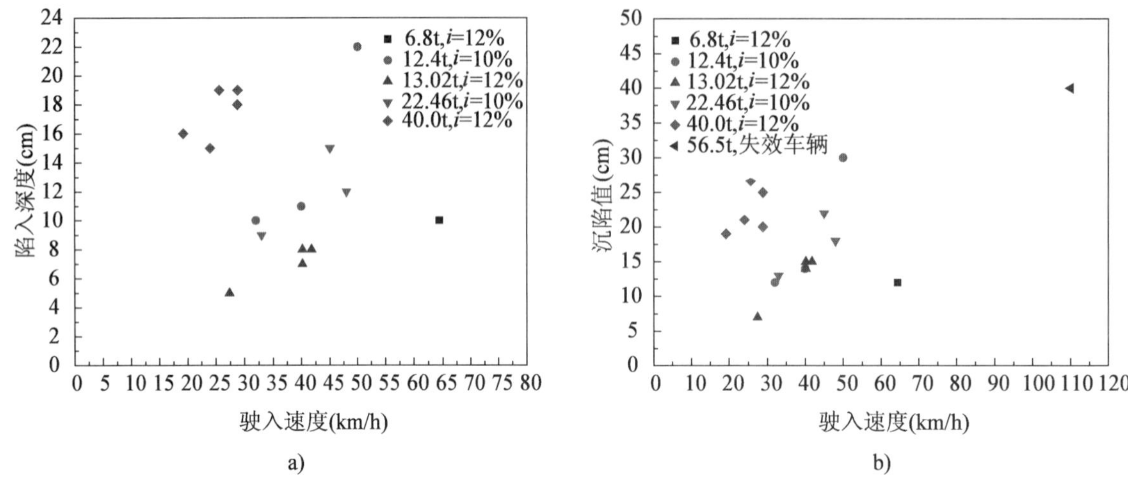

图 5-15　陷入深入与驶入速度的关系图

a)平均值;b)最大值

在车辆总重和驶入速度相近时,滚动阻尼系数随着车辆轴数的增加而增大,这主要是由于在相同条件下,随着轴数的增加,与制动床上集料接触的面积增多,提高了总体的阻尼效果,此时失控车辆的制动距离也会相比轴数较少的车辆相对短些(图 5-17)。

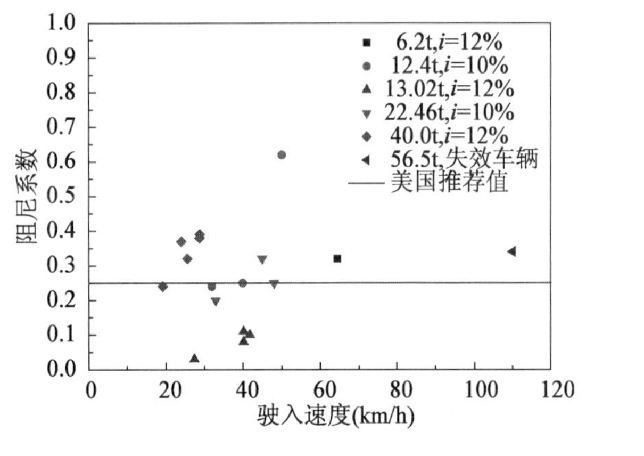

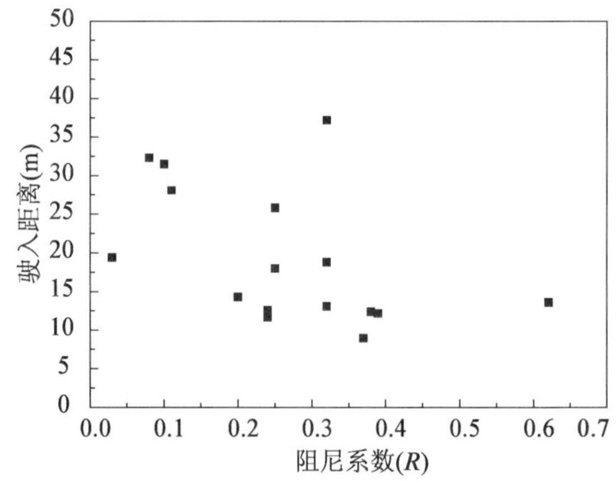

图 5-16　阻尼系数和驶入速度关系图

图 5-17　阻尼系数和驶入距离关系图

对比实测值与推荐值,部分试验结果计算出来的阻尼系数较推荐值低。调查发现,这主要是由于制动床集料没有及时进行松散维护,导致集料板结造成的。失控车辆在制动床行驶时,若集料板结或铺设不均,易造成车轮不均匀沉陷,各车轮受力不均,车身侧倾、重心偏移而导致车辆侧翻。为此,应保证制动床集料干净、平整、松散,使之处于良好的使用状态。避险车道每次被使用、失控车辆被拖出后,应及时铺平制动床集料、清除固体污染物等。

由图 5-18 可知,车轮的陷入深度越大,受到的阻力也就越大,阻尼系数也越大,并且相关性较强。这主要是因为,车辆在避险车道上运行时,如果车轮的陷入深度越深,车轮前部的集料隆起高度越大,滚动阻力就越大,这时车轮左右两侧、车辆底盘等部位与集料表面的接触面积就越大,摩擦力也就越大,车辆受到的总阻力就会增加。

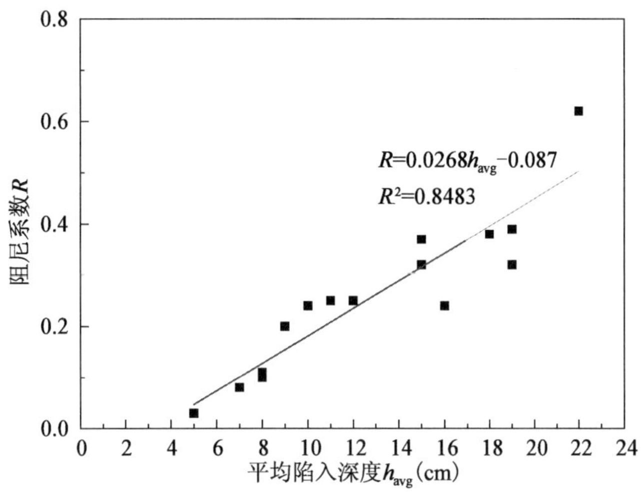

图 5-18　阻尼系数和沉陷深度关系图

5.5.4　避险车道制动效果分析

综合实车试验和与国内外结果、理论计算对比发现：

(1)制动床材料是影响避险车道制动性能和制动床长度的重要因素。沉陷深度与路床的阻尼系数有很好的相关性。车轮陷入程度越深、材料滚动阻尼系数越大，失控车辆获得的阻力越大，制动距离越短。目前避险车道制动床采用的材料有砾石、碎石、沙子等。粒径较小、级配单一的圆形砾石是比较理想的制动床材料，与其他材料相比，它具有较高的滚动阻力系数，制动效果最好。

(2)低速冲入时，轴重会显著增大沉陷深度，高速冲入时，车辆会出现跳车现象。车重较轻，或者车速较高的情况下，驶入距离将显著增大，这个时候车辆不容易陷入路床，会出现跳车的情况。美国的实测数据分析发现，各类车辆的冲车减加速度不会超过 $0.5g$。这说明高速情况下，路床材料的阻尼系数会处于稳定的中低值水平，驶入速度相比轴重成为决定驶入距离的更关键因素。

(3)在车辆总重和驶入速度相近时，滚动阻尼系数随着车辆轴数的增加而增大，这主要是由于在相同条件下，随着轴数的增加，与制动床上集料接触的面积增多，提高了总体的阻尼效果，此时失控车辆的制动距离也会相比轴数较少的车辆相对短些。但关键还是看轴重，如果车辆轮胎多，货载分布均匀，车辆也会“漂”在路床表面，不会产生很大的阻尼作用。

(4)试验显示，理论计算公式中的阻尼系数并不是一个常数，而是受多因素的影响，随车辆轴型、总重、驶入速度的变化而变化。高速公路在设计避险车道计算时，由于车速较高，建议采用理论计算公式，并取阻尼系数的中低值。

5.5.5　多参数组合设计

基于离散元分析方法，对车速、坡度、粒径、铺设厚度四个因素进行综合影响分析。坡度影响因素的三个水平分别为 5°、8°及 10°；集料厚度影响因素的三个水平分别为 40cm、

60cm 及 80cm；集料粒径影响因素的三个水平分别为 2cm、5cm 及 8cm；驶入速度影响因素的三个水平分别为 40km/h、60km/h 及 80km/h。各因素影响水平如图 5-19 所示。

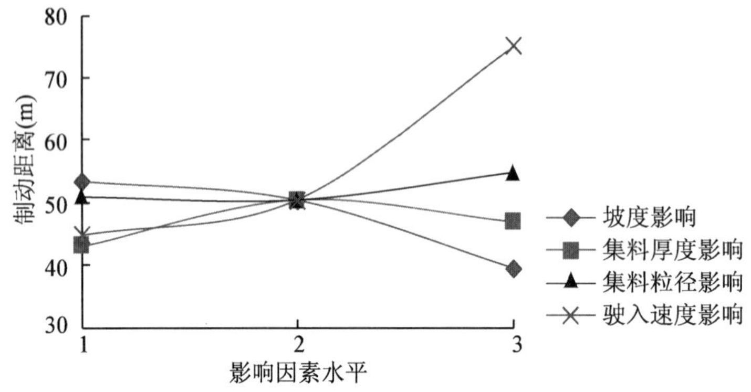

图 5-19　各因素影响水平（轴重 36t）

从敏感性趋势来看（轴重 36t），在各影响因素的低值到中值区间（表 5-12）各因素的影响显著性较为接近，但在中值到高值区间驶入速度（>80km/h）对结果的影响十分显著，其次是坡度；集料粒径和集料铺设厚度对制动距离的影响效果下降。说明对于高速冲入车辆，在不改变路床长度情况下，最有效措施是提高路床坡度，但坡度也要考虑车辆与人员的安全不能过大，此时只有增加避险车道的长度。这也说明，在现实工程中存在过高冲入车速情况下，不延长避险车道长度，而试图通过改变坡度和粒径的方法不一定可行。在地形不允许设置过长避险车道时，控制驶入车辆的车速就成为解决问题的关键。

敏感性分析因素水平表　　表 5-12

影响因素	因素水平		
	低值	中值	高值
坡度	5°	8°	10°
集料厚度（cm）	40	60	80
集料粒径（cm）	2	5	8
驶入速度（km/h）	40	60	80

但从前面轴重—车速耦合影响分析可看到，在车辆较轻区间（12t 以下）轴重的影响不明显，但在 12 ~ 24t、36t 区间存在一个制动距离的增长跳跃，24t、36 ~ 48t 之间影响又不明显。这可能说明车辆轴重存在一个与颗粒相互作用的敏感范围，该问题值得更深入的研究揭示。

静力学离散元模型和动力学避险车道-实车模型对比分析表明，静力学模型适用于颗粒移动速度较小的静态分析，动力学模型适合于分析车辆制动过程中车辆与集料高速碰撞的过程，二者在参数类型选取及模型计算速度方面存在较大差别。

虽然国外有实车试验研究表明，轴重增加路床滚动阻尼系数变化不大。但本指南发现车辆轴重可能存在一个与颗粒相互作用的敏感范围，建议实际设计时仍然要关注具体路段的轴型轴重分布情况，同时在设计时加以考虑。

5.5.6　避险车道制动距离计算方法对比

（1）经验计算模型

制动距离最常见的计算模型是基于半经验半理论的计算模型：

$$L = \frac{v^2}{254(R \pm G)} \tag{5-21}$$

式中：L——车辆制动距离（m）；

v——驶入制动路床的车辆速度（km/h）；

G——路床坡度（%），取 10%；

R——路床材料的滚动阻尼系数。

可以看到，经验公式主要是反映坡度、车速，粒径、铺设厚度影响只要满足基本范围，经验阻尼系数（或滚动阻尼系数）基本不变，这直接导致目前实践中粒径、铺设厚度一直缺乏依据，然而现实表明粒径、铺设厚度影响十分显著，且轴载、轴重、车速不同时，其表现的作用机制还有很大区别。

（2）基于动量学原理的制动距离计算模型

基于动量学原理的制动距离计算迭代模型，从车轮与集料相互作用的具体过程出发，结合车辆地面力学理论，将车轮在制动路床上行驶时，车轮与路床相互作用过程中的动量方程表述为：

$$(m_T v)_T = (m_T v)_M + (m_T v)_C + (m_T v)_B + (m_T v)_R + (m_T v)_A + (m_T v)_G \tag{5-22}$$

式中：m_T——车辆总质量；

$(m_T v)_T$——总动量；

$(m_T v)_M$——车轮与集料交换的动量；

$(m_T v)_C$——压实阻力带来的动量损失；

$(m_T v)_B$——推土阻力带来的动量损失；

$(m_T v)_R$、$(m_T v)_A$、$(m_T v)_G$——分别为滚动阻力、空气阻力和坡度阻力带来的动量损失。

式(5-22)考虑了车轮行进过程中的压实阻力、推土阻力、坡度阻力，以及滚动阻力、空气阻力等，同时对车轮直径、车辆轴型等因素也加以考虑。通过式(5-22)，计算每一时步的速度，采用 Matlab 软件将当前时步的速度作为下一个时步的初速度代入速度计算式计算下一时步的末速度，通过反复迭代，计算最终速度和距离。从以上表述可知，动量迭代算法是一种考虑因素较为完整的数学计算模型。但实际上，高速运动下同时还应考虑整车与路床相互作用的动力机制。动量计算方法存在此局限性，需进一步结合实车试验进行修正。

（3）离散元模拟

离散元模拟可分别建立车辆模型和路床模型，通过使车辆获得初始速度，实现车辆在路床上制动过程的具体仿真。离散元仿真过程中，模型可以真实描述车辆集料相互作用的物理过程。同时通过实车试验验证表明，选取合理的参数可以较为准确地确定车辆的制动距离。

综上所述，离散元模拟方法建立车轮与集料相互作用动力学物理模型，在机理揭示方面较上述两种方法具有一定的优势,同时通过调整相关参数模拟的载货汽车制动距离可以较为接近实车试验。

5.5.7 避险车道制动距离计算方法选择

对于普通公路一般要在汽车失控车速还很低的位置就要设置避险车道,因为普通公路线形较差,如果失控车辆速度高马上就会冲出路外,因此一般能够驶入普通公路避险车道的车速会较高速公路低,此时同等集料条件下路床阻尼系数受轴重影响较高速公路会更大,因此普通公路避险车道的载货汽车制动距离一般会比高速公路短。

但值得注意的是,集料的级配、颗粒的圆度和粒径、洁净程度显著影响着集料的滚动阻尼系数,普通公路往往技术标准和养护标准较低,不能保证技术指标,因此建议在计算制动距离时要考虑此方面因素引起的折减。

分析认为,普通公路避险车道的制动距离计算关键是驶入车速的确定,驶入车速对制动距离长度的计算是成二次方的影响规律。在计算方法方面,只有在集料条件好、车速较低的情况下可以采用动量法计算,或者采用较高的路床阻尼系数。但一般情况下,考虑到普通公路往往技术标准和养护标准较低,仍然建议采用较为保守的经验计算公式,同时阻尼系数采用推荐值或低值。

而对于高速公路的避险车道制动距离计算来讲,一方面由于制动距离对车速的显著敏感性,另一方面从离散元理论和实车试验的观察都表明,高速运动下车辆还会出现砾料路床的“跳车”现象,而不会出现完全陷入的情况(减速度小于 $0.5g$),因此,也建议采用较为保守的经验计算公式,同时阻尼系数采用推荐值或低值。

第 6 章　附属设施

避险车道交通安全设施等配套设施，也是保证其有效发挥作用的重要因素。这些交通安全设施主要包括：制动床末端的减速消能设施、标志、入口处标线、护栏、锚块、照明设施、监控设施等。

6.1　端部防撞消能设施设计

在避险车道末端，设置减速消能设施，可提供更加安全的保障，这是十分必要的。此类设施主要有集料堆、消能桶（图 6-1）、废旧轮胎和拦截网四类。设计时应保证制动失灵车辆在与这些设施碰撞时速度不超过 20km/h。

a)

b)

图 6-1　避险车道端部消能设施

AASHTO 的"绿皮书"指出：如果车辆在避险车道的末端发生翻转会导致严重的后果时，建议在避险车道的末端以避险车道的路床材料修建高 0.6 ~ 1.53m、侧面设置坡度为 1.5∶1 的横向护堤。若用消能桶，消能桶中的材料应和避险车道上的铺装材料一致，以免污染路基和减小材料的滚动阻力。需要特别强调的是：在条件不允许避险车道设足够长度时，才推荐使用集料堆和消能桶。这是因为横向护堤与吸能设施的设置仍会带来如下两个方面的安全隐患：其一，横向护堤会导致水平方向的速度剧减，导致竖向加速度陡增，容易导致驾驶员受伤、失控，从而产生相应的经济损失；其二，横向护堤的受力主要作用在车辆的前轴上，并不能将减速度的变化等效地传递给车辆后轴，容易引起车辆受力不平衡，从而导致载货汽车装载货物倾斜，半拖车的接轮发生剪切破坏产生折叠的后果。

如果在紧急避险车道的末端必须设置横向护堤和吸能设施时，在紧急避险车道设计时，采用有效的方法使驶入避险车道的车辆运行速度减至 20km/h 以下为宜。

长下坡路段地形复杂，难以找到满足传统砾石式避险车道长度要求的设置位置。为解决长下坡路段的交通安全隐患，在传统砾石式避险车道无法设置而又必须设置避险车道的位置，也可采用“网索式避险车道”（图6-2）和“强制减速车道（橡胶减速垄）”相结合的新型避险车道。网索式避险车道的减速消能系统主要由网索拦截装置、砾石路床、反坡等组成。它是在传统砾石路床避险车道的结构设计中增加设置网索拦截装置——阻尼器消能减速系统。增设阻尼消能系统后，可有效地拦截失控车辆，减小避险车道的设计长度。同时，在避险车道的引导系统内，橡胶减速垄可降低车辆驶入避险车道制动坡床的速度，在一定程度上缩短了车辆冲入制动坡床后的行驶距离，增强了避险车道的安全性。

a)

b)

图6-2 “网索式避险车道”示意图

6.2 服务设施

避险车道的服务设施主要包括避险车道的照明、监控、紧急电话、救援锚栓等设施。为便于夜间驾驶员观察避险车道内的情况以及夜间失控车辆的救助，建议在避险车道内设置照明设施。美国高速公路避险车道的预告标志和电子监控如图6-3所示。

a)

b)

图6-3 美国高速公路避险车道预告标志和电子监控

根据需要配置摄像机、车速检测器和可变信息板。摄像机设置在避险车道附近，可以观测到避险车道内的情况。车速检测器设置在避险车道的引道位置，用来测量失控车辆驶入避险车道的速度。可变信息板应设置在避险车道前，用来提醒驾驶员避险车道能否使用，如有车辆已经驶入避险车道，应该及时发布避险车道停止使用的信息。

救援锚栓沿着制动床以50～100m的间距设置。在制动床之前30m也需要设置一个锚栓，以便拖出失控车辆(图6-4)。

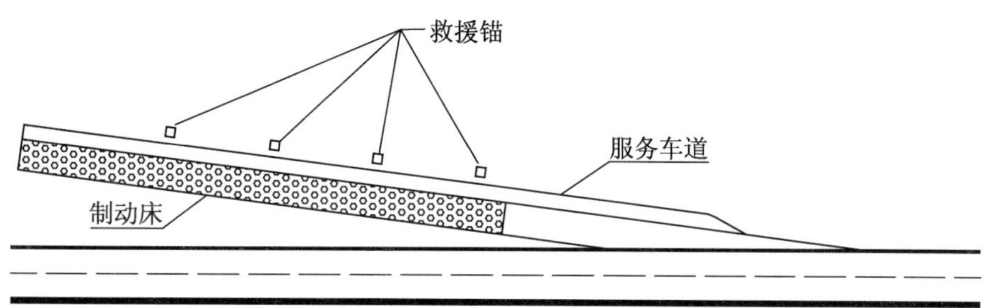

图6-4 避险车道救援锚栓布置图

6.3 排水设施

为了防止制动床材料冻结和污染，需要对避险车道的制动床进行及时排水。"绿皮书"提出在制动床底部设置坡度以排水，并设置横向排水设施和侧向排水边沟。完备的排水系统是保证砂床充分发挥作用的重要保障。对砂床造成污染的细料主要通过水的漫流从匝道的顶部和两侧进入，渗透到砂床集料的空隙中，会使砂床的密实度增加，导致滚动阻力变小，砂床阻力降低。

为防止该现象的发生，可在基层铺设一层石灰石集料将砂床里的水排出，石灰石集料可通过土工布等覆盖与砂床填料分开。为防止顶部漫流带进细料，可在顶端设置土工布；为防止两侧漫流带进细料，可在避险车道两侧设置排水沟。另外，避险车道基层的横坡可向一边倾斜，横坡度取1%～2%，利用盲沟或路拱将水排出。为防止砂床积水，可在砂床底部设置横向排水管，如图6-5所示。

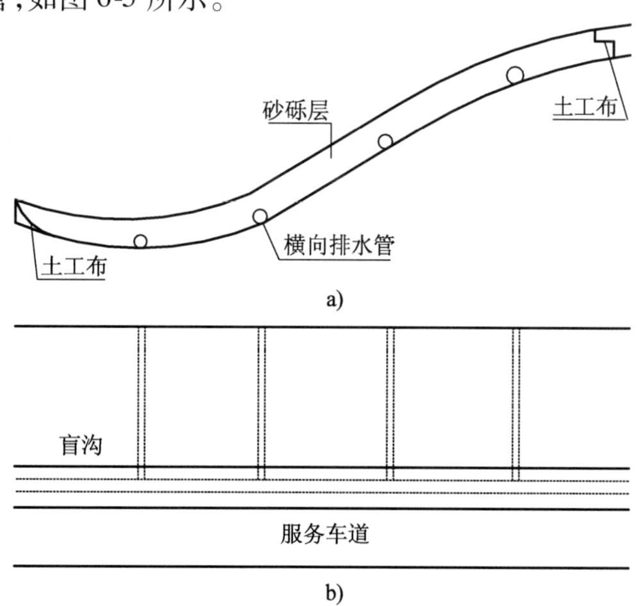

图6-5 避险车道排水设施设置

a)避险车道排水设置纵面示意图；b)避险车道排水设置平面示意图

6.4 交通工程设施设计

依据《公路安全保障工程实施技术指南》关于连续下坡路段提出的相应的交通工程设施设计建议和《道路交通标志和标线》(GB 5768—1999),可采取以下措施进行避险车道配套交通安全设施的综合设计。

(1)应在下坡之前500m处加设连续下坡警告标志,或使用告示牌,说明“前方连续长坡××m,超速危险”(图6-6)。

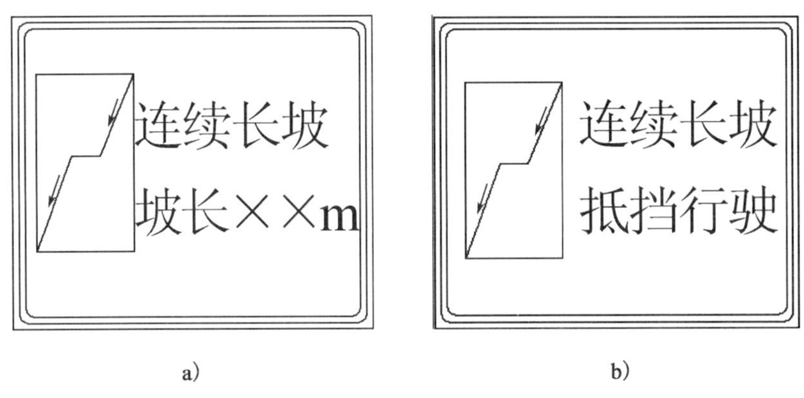

a)　　　　b)

图6-6　长下坡路段预告标志

(2)在距坡顶200m处除设置车距确认标志外,在行车道加设振动减速标线,以提醒驾驶员注意控制车速,避免发生追尾事故。

(3)在长下坡的急弯路段应加设线形诱导标,加强线形诱导,同时在进入急弯路段之前,可加设减速路面,以增大行车阻力并设置急弯路段警告标志。

(4)在避险车道之前至少设置两块避险车道预告标志(前方1km、前方500m),如图6-7所示。在避险车道引道前方设置避险车道标志,引导失控车辆驶入避险车道,在引道入口前可设置“禁止停车”标志,并设置“失控车辆专用”标志。

a)　　　　b)

图6-7　避险车道预告标志

(5)在避险车道制动床两侧可以设置护栏,并在两侧设置轮廓标。轮廓标的反光器颜色应为红色,以区别于主线。轮廓标的间距以15m为宜。

(6)根据路段交通流特征,设置交通标线,引导失控车辆进入避险车道。长下坡路段交通标志标线系统设计,如图6-8～图6-10所示。

图6-8 避险车道与主线衔接示意图

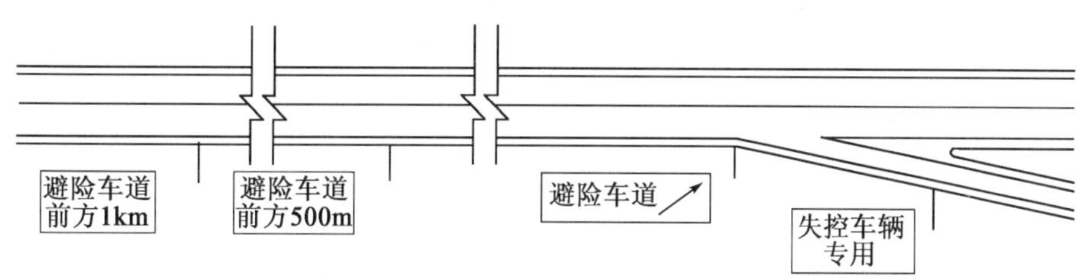

图6-9 避险车道交通标志设置示意图

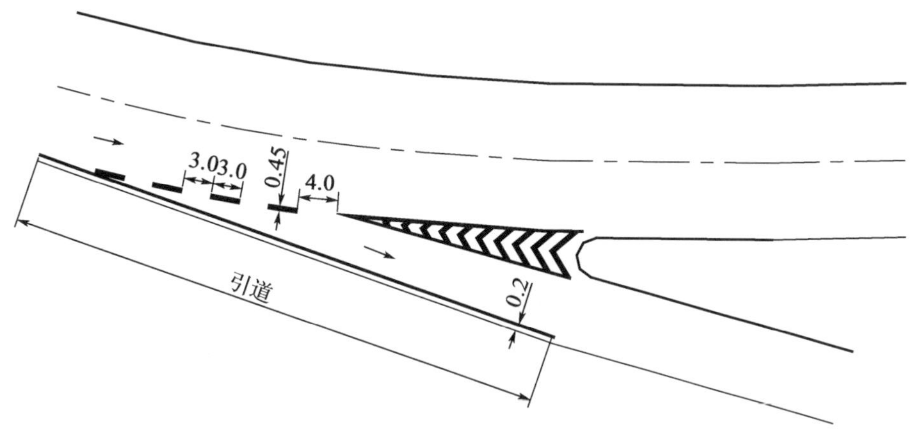

图6-10 避险车道标线设置示意图(尺寸单位:m)

6.5 连续长下坡路段的服务设施

连续长下坡路段的服务设施是特指按照道路设计规范设置的服务区以外的、专门为连续长下坡路段设置的服务设施。

6.5.1 服务设施的功能

连续长下坡路段的服务设施设置,按照一般道路标准规范要求,结合连续长下坡路段特殊要求设置,也可以仅针对连续长下坡路段单独设置。

连续长下坡路段的服务设施一般包括：

(1)停车设施，如停车场、进出服务区车道等，应根据道路交通量和交通组成特点，考虑停车概率，进行停车容量预测，保证满足停车需求。

(2)服务性设施，如汽车修理间、检修设施(检修地沟或举升设备)、给排水设施(车辆与人员用水)、冷却池等载货汽车，有条件的还可以设置急救中心、休息室等。

(3)辅助设施，如道路线形预告标志、交通信息告示牌、公路气象站等。

6.5.2 服务设施选址

根据地形条件，服务设施应设置于连续下坡一侧，也可以与邻近的一般服务区合并设置。服务设施的选址应考虑以下因素：

(1)应与公路主线线形相适应，在地形条件允许的情况下，应将服务设施设置在连续长下坡上游段和起始段附近，避免设置在主线小半径曲线段或陡坡地段。

(2)连续长下坡路段如存在桥隧相连路段，服务设施距这些隧道口或桥梁等构造物的间距至少应大于1km，距互通式立交应大于2km。

(3)尽量避开地质条件较差地区，保证工程造价在可控范围内，并应考虑给水水源、电力供给条件、雨水污水的排出等问题。

(4)从交通发展的角度出发，在确定服务设施用地面积、范围以及位置时，有必要选择可为今后留有扩建余地的地点设置服务设施。

6.5.3 服务设施类型

根据连续长下坡路段安全需求，布设的管理和服务设施主要有服务区、停车区、超限检查站、加水站、降温池等几种类型。

(1)服务区

连续长下坡路段服务区，除应满足一般路段服务区的基本功能外，还应增加载货汽车检查和维修的功能，同时可与加水站和降温池等设施合并设置。

服务区要给驾驶员提供足够的道路信息，并对在驾驶过程中应该注意的问题给予说明，同时给出安全操作建议和遇险后应该采取的合理措施等。为保证驾驶员能够获得足够清晰简明的信息，应设置交通信息告示牌，采取直观的图表、平纵曲线示意图，配以必要的文字和图片说明，详细告知驾驶员连续下坡路段的道路状况，包括坡长、平均坡度、特殊路段坡度、弯道分布、基本安全设施状况、驾驶操作要点、应急措施和避险车道设置等。

(2)停车区

停车区较服务区功能简单，主要供车辆停车休息。停车区可替代新建高速公路在初期交通量较小时的服务区，提供停车服务，远期可改造为服务区。同时，停车区可与加水站和降温池合并设置。

(3)超限检查站

车辆制动器失效的主要原因是超载。在连续下坡过程中频繁使用制动器，必然使制动器过早出现热衰退而导致失效。因此，公路管理部门应在下坡前的服务设施中设置超限检查站，对于超载车辆实行限制措施，从源头上杜绝下坡车辆的安全隐患。

(4)加水站

经常在连续长下坡路段行驶的载货汽车，一般都会经过改装增加水箱，行驶时通过向轮胎和制动片淋水，以达到降温、减少制动失灵风险的目的。应根据本地区载货汽车的特点，有针对性地在连续长下坡路段设置加水站，为淋水制动的载货汽车提供加水服务，增加车辆连续下坡行驶安全性。

(5)降温池

在多桥、多弯、多隧道的连续下坡路段，载货汽车必须长时间进行制动，从而导致制动器温度上升，易发生热衰退现象。可以在连续下坡路段适当位置或其他服务设施内设置降温水池，汽车在经过一段时间的制动后可驶入降温水池对制动器进行冷却，这样可在一定程度上恢复制动性能，避免过早的制动失效。同时降温池也可起到冷却轮胎的作用，避免行驶过程中因温度过高而发生爆胎，造成事故。

6.5.4 彩色警示路面及标线

可在危险及重要路段设置具有防滑、减速及警示功能的彩色路面及标线，一般隧道入口处行车道路面可采用红色防滑警示路面；避险车道预告标志附近的行车道路面，可采用黄色防滑告示条纹标线；避险车道入口附近的路侧硬路肩路面，可采用红白格相间的告示方块；加水站预告标志附近的行车道路面，可采用红色防滑告示条纹标线；陡峭危险路段的路侧硬路肩路面，可采用红色防滑警示路面。

第7章　避险车道运营与养护管理

7.1　长下坡路段的管理

长下坡路段交通安全管理措施主要针对超载超限和速度、制动器温度进行有效控制。

公路管理部门应在高速公路收费站及服务区等位置对车辆的载重量进行严格的控制，从源头上制止长下坡路段制动失效导致的事故发生。

在下坡前的服务设施中设置超限检查站，对于超载车辆实行卸载等限制措施，从而杜绝下坡车辆的安全隐患。配合设置指示标志，确保制动合格的车辆才能下坡，并在下坡路段适当位置提供停车休息区，使驾驶员能够停车冷却制动器。

服务区内提供连续下坡路段的概略示意图，在检查站和休息区应向驾驶员提供下坡路段的坡度、坡长、平面线形等信息，包括避险车道的位置和数量，服务于避险车道的附属设施的位置、类型等，并可向驾驶员推荐安全的下坡速度。

在服务区内驾驶员可以完成车况检查、加水、休息等，使人和车都处于良好的工作状态。

山区公路管理部门应有针对性地对连续长下坡速度控制措施进行研究，将载货汽车连续下坡限速、制动安全性纳入考虑范围，确定制动装置的温升与载质量、线形、速度等因素间的关系，从而指导相应限速标准的制定，如分车重限速、分车型限速等，或在长下坡路段设置专门的监测车道，安装车辆制动器温度感应器及预警设施，将报警的车辆及时引入停车区或加水站进行降温，从而达到事前控制大型车辆制动器升温失效的目的。

7.2　避险车道运营管理

具体工作包括运营管理、养护与救援。

各级公路管理部门应针对自己辖区内避险车道的实际情况，制订应急救援预案，并总结经验和教训，不断降低事故的伤亡人数和财产损失，提升连续下坡路段的行车安全水平。

应加强宣传教育，使驾驶员了解什么是避险车道、避险车道的作用、怎样正确使用避险车道、哪儿有避险车道、制动失灵车辆驶入避险车道后将发生什么、怎样才能从避险车道安全地出来等信息。加强对下坡路段载货汽车下坡速度的控制，确保只有制动失灵车辆才能驶入避险车道，确保无关人员不得随意进入避险车道。应及时收集避险车道的使用信息，为评价避险车道的使用效果提供基础，并为改进避险车道的设计提供建议。

由于载货汽车失控事故发生时间的不可预见性，必须及时将进入制动床的车辆拖出，以保证避险车道的正常使用。对于因地形所限、只能容纳一辆制动失灵车辆的避险车道，被制动失灵车辆占用后应及时告知其他驾驶员，以防其他制动失灵车辆再次驶入引发二次事故。同时应加快救援速度，使制动失灵车辆驶入避险车道后能够及时被拖出，以方便其他制动失灵车辆及时使用避险车道。

7.3　避险车道养护

(1)常规养护

对于上坡型避险车道，制动床集料应保证干净、平整、松散。在避险车道每次被使用、制动失灵车辆被拖出后，应尽快恢复避险车道制动床集料。即使没有车辆驶入避险车道，也应定期及时翻松集料，以免被压实。每次翻松至少60cm深。因磨耗压碎而导致集料级配不符合要求时，应及时更换或筛分处置；应及时清除污染物，保证制动床集料有足够的滚动阻力。如果集料不能提供足够的滚动阻力，应及时更换集料。定期及时翻松集料，及时清除各种障碍，避免失控车辆在避险车道内发生侧翻、冲出端头等次生事故。

(2)冬季养护

冬季应防止制动床集料冻结，下雪期间应至少保证避险车道引道和制动床上没有积雪，保证避险车道的轮廓清晰可见，使驾驶员能够准确判断避险车道的方位。

为增大制动床的阻力，根据制动床的长度及纵坡，可在制动床上设置多级横向集料垄，集料垄的尺寸及间距可根据阻力的需要来确定(图7-1)。

a)

b)

图7-1　避险车道的维护

7.4　集料污染与工程特性保持

集料污染的主要原因是缺乏正确的排水系统，这些水来自雨水或雪融化后形成的水。下雨或下雪而引起的地下水位上升和渗流压力可引起细粒进入制动床集料的空隙。来自避险车道顶部和侧边受污染的水流是制动床集料污染的主要原因。

美国防止集料污染的方法，是在坡道的顶端放置织物来过滤被污染的水。使用织物是一个经济的方法，因为其费用是最小的。在集料被放置进制动床之前，在避险车道的顶部设置织物层。织物层有两个功能:①过滤坡顶的水;②阻止细粒从自然地面漏到制动床里。避险车道中纵向和横向排水管如图7-2所示,织物和排水管的使用如图7-3所示。

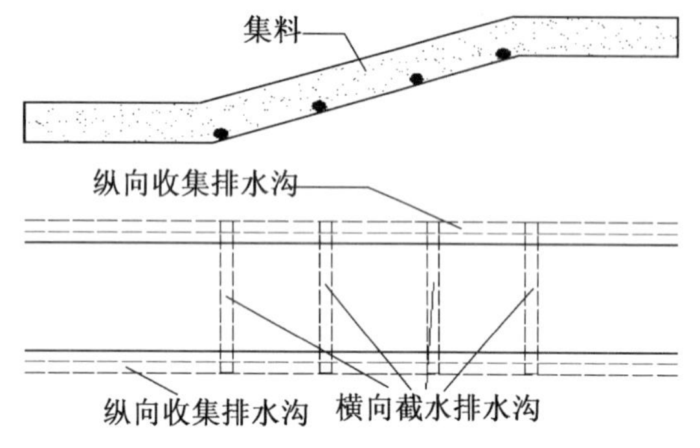

图7-2 避险车道中纵向和横向排水管

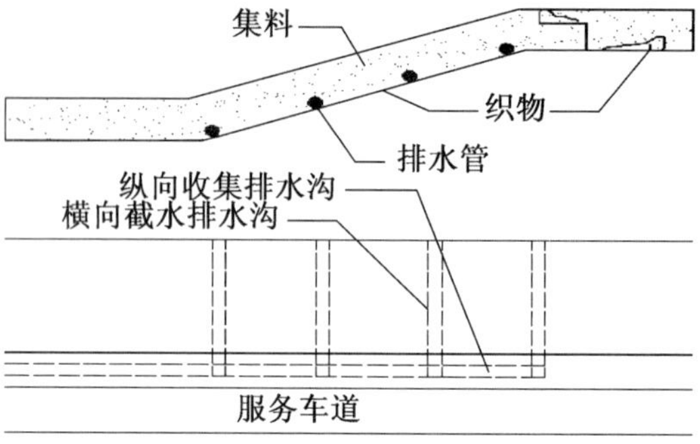

图7-3 避险车道中织物和排水管的使用

图7-4是美国用于维护翻松避险车道的专用工具。

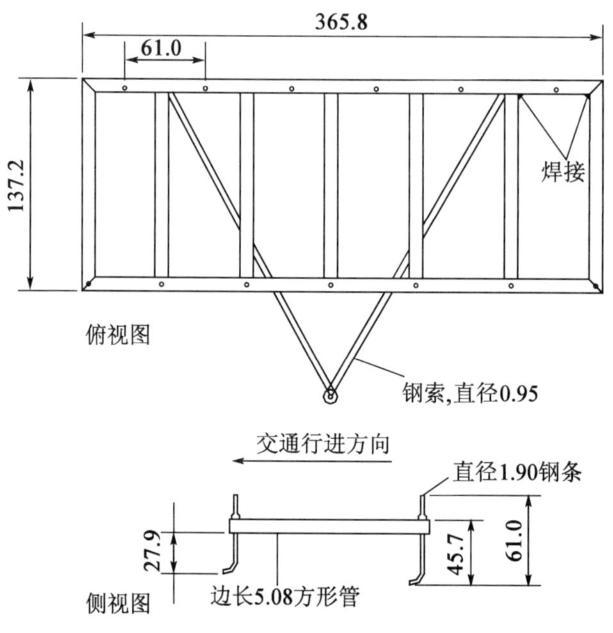

图7-4 避险车道的维护(尺寸单位:cm)

在养护阶段,对于集料工程特性方面有以下建议:

(1)对路床集料除了进行常规的圆度系数和粒径测试以外,还应测试强度及耐久性,因为路床集料固结的原因多是由于路床上集料因载货汽车或维修车辆碾压后形成碎屑,在潮湿或雨水作用下硬结,最终降低集料路床的制动性能。

(2)为了减少细小颗粒造成的污染,应对路床进行定期检查。

(3)对于每条避险车道路床集料的透水深度应当定期记录,当实测的平均渗透深度开始增加时,应当采取相应的措施如加铺特定级配的集料或移除现有的集料,然后重新铺设路床集料。

(4)经常使用的避险车道应对排水设施等混凝土结构物进行清理。

(5)建议避险车道制动路床采用8m宽度,对于使用频率高的避险车道最好使用9~12m宽度,以应付同一时段两辆以上载货汽车同时冲入。

参 考 文 献

[1] A Policy on Geometric Design of Highway and Streets(GREEN BOOK)[S]. American Association of State Highway and Transportation Officials(AASHTO). Washington D. C. ,2001.

[2] ASTM C1252 Standard Test Methods for Uncompacted Void Content of Fine Aggregate. American Society for Testing and Materials,2006.

[3] ASTM D4791—2010. Standard Test Method for Flat Particles Elongated Particles or Flat and Elongated Particles in Coarse Aggregate. American Society for Testing and Materials, 2010.

[4] ASTM D5821. Standard Test Method for Determining the Percentage of Fractured Particles in Coarse Aggregate. American Society for Testing and Materials,2006.

[5] ASTM D3398. Standard Test Method for Index of Aggregate Particle Shape and Textue. American Society for Testing and Materials,2000.

[6] Al-Rousan, Masad E,Tutumluer E. Evaluation of image analysis techniques for quantifying aggregate shape characteristics. Construction and Building Materials,2007,21(5).

[7] Arizona Department of Transportation. Truck Escape Ramp Study Final Report[R]. HDR Engineering, November,2003.

[8] A Calculator Program to Estimate Truck Coasting Speeds For Designing Gravel Arrester Beds. Idaho: Transportation Department Idaho,Novermber,1978.

[9] Bowman,A. J. Grade Severity Rating System (GSRS)-Users Manual[R]. Federation Highway Administration,Washington, D. C. 1989.

[10] C. F. Mora,A. K. H. Kwan,H. C. Chan. Particle Size Distribution Analysis of Coarse Aggregate Using Digital Image Processing. Cement and Concrete Research,1998(28).

[11] C. F. Mora, A. K. H. Kwan. Sphericity, shape factor, and convexity measurement of coarse aggregate. Cement and Concrete Research,2000(30).

[12] Cundall P A,Strack O D L. Discrete numerical model for granular assembles. Geotchnique,1979,29(1).

[13] Charles, S. Campbell. Computer simulation of granular shrer flows. Fluid Mech,1985.

[14] Chung Kyun KimBoo-Yong Sung etc. Finite element analysis on the thermal behaviors of a disk-pad brake for a high-speed train. Proceedings of the first Asia international conference on tribology [J] . Beijing China1998.

[15] Eck,R. W. Techniques for identifying problem downgrades [J]. Tran. cp. Engrg. ,ASCE,1983,109(4).

[16] Eck,R. W. State practices and experience in the use and location of truck escape facilities[R]. Transp. Res. Rec. 736, Transp. Res. Board,Nat. Res, Council,Washington,D. C. ,1979.

[17] Farhang Radjai,Michel Jean,Jean-Jacques Moreau, Stéphane Roux. Force Distributions in Dense Two Dimensional Granular Systems. Physical Review Letters,1996,77(2).

[18] Geometric Design Guide[S]. South African National Roads Agency,2003.

[19] Institute of Transportation Engineers. Truck Escape Ramps [R]. Washington,D. C. :Institute of Transportation Engineers,1989:17.

[20] PIARC Technical Committee on Road Safety (C13). Road safety manual[R]. Washington. World

Road Association,2003.

[21] Roadway Design Guidelines[S]. Arizona Department of Transportation,2004.

[22] Road Planning and Design Manual[S]. Queensland Department of Main Roads,2002.

[23] Sinan Turhan Erdo? an,David W. Fowler. Determination of Aggregate Shape Properties Using X-ray Tomographic Methods and the Effect of Shape on Concrete Rheology. Austin: University of Texas,2005.

[24] Truck Escape Ramps[M]. California:Traffic Bulletin No. 24,1986.

[25] Thomas Fletcher,Chandan Chandan,Eyad Masad, Krishna Sivakumar. Aggregate Ima- Ging System (AIMS) for Characterizing the Shape of Fine and Coarse Aggregates. Transportation Research Record: Journal of the Transportation Research Board. 1832,2003.

[26] Tran Safety,Inc. Truck escape ramps:determining the need and the location[J]. Road Management & Engineering Journal,August 10. 1997.

[27] Truck Escape Ramp Policy[S]. Arizona Department of Transportation,January 1987.

[28] M. Oda,K. Iwashita. Mechanics of Granular Materials, An introduction. Rotterdam: Balkema A A,1999.

[29] Masashi Daimaruuya,Hidetoshi Kobayashi,Khairul Fua. Thermo-elasto plastic stress and distortion in a brake drum[J]. Journal of Thermal Stress,1997,20.

[30] J. F. Peters,M. Muthuswamy,J. Wibowo,A. Tordesillas. Characterization of force chains in granular material. Physical review. 2005(21).

[31] Nihar Raje,Farshid Sadeghi,Richard G. Rateick Jr. A discrete element approach to evaluate stresses due to line loading on an elastic half-space. Compute Mech,2007,40.

[32] Stanley,A. F. A Calculator Program to Estimate Truck Coasting Speeds for Designing Gravel Arrester Beds[M]. Idaho Transportation Department,1978,2.

[33] KWAN A,MORA C, CHAN H. Particle shape analysis of coarse aggregate using digital image processing. Cement and Concrete Research,1999(29).

[34] PFC2D,Particle Flow Fode in 2 dimensions User' manual. Inc. USA:ITASCA Consulting Group.

[35] PFC3D,Particle Flow Code in 3 dimensions User' manual. Inc. USA:ITASCA Consulting Group.

[36] H. Dorner. Fundamental Princles for the Calcaulation of the Braking Potential of Motor Vehicle Brakes During Continous and Intermittent Application,Deutsche Kraftfahrtforschung and Strassenverkehrsteck-nik,No. 165,1963.

[37] J. C. wambold. A Field Study to Establish Truck Escape Ramp Designs,Pennsylvania Transportation Institute,Pennsylvania State University,1991.

[38] Dweight G. Metcalf,John P. Zaniewsk, Dennis M. Duffy. Analysis of Arizona Arrestor Bed Performance. Arizona: Arizona Department of Transportation,1992.

[39] Hongqi Liu,Tao Shen, Fang Wang,Weihan Zhang. Determining design speed of truck escape ramp based on back analysis method. Traffic and Transportation Studies,2010 ASCE:969-976.

[40] Eyad Masad. AGGREGATE IMAGING SYSTEM (AIMS): Basics And Applications. Virginia: National Technical Information Service(NTIS): November,2004.

[41] Tran Safety,Inc. Truck escape ramps: determining the need and the location[J]. Road Management & Engineering Journal,August 10. 1997.

[42] Wang MC. Aggregate Testing for Construction of Arrester Beds. Tansportation Research Record Issue 1250,1989.

[43] William Outcalt. Evaluation of truck arrester beds in Colorado. Colorado: Departmant of Transportation Reserch Branch,2008.

[44] Witheford,David K. NCHRP synthesis 178,truck escape ramps,a synthesis of highway practice[R]. TRR,1992,5.

[45] Walid Abdelwahab, John F. Morral. Determining Need for and Location of Truck Escape Ramps [J]. Journal of Transportation Engineering, September/October 1997,123(5).

[46] You Z P,Buttlar W G. Discrete elementmodeling to predict themodulus of asphalt concrete mixture. Journal of Materials in Civil Engineering,2004,(34).

[47] 中华人民共和国行业标准. JTG B01—2014 公路工程技术标准[S]. 北京:人民交通出版社,2014.

[48] 中华人民共和国行业标准. JTG/T B05—2004 公路项目安全性评价指南[S]. 北京:人民交通出版社,2004.

[49] 中华人民共和国国家标准. GB 5768—2009 道路交通标志和标线[S]. 北京:中国标准出版社,2009.

[50] 中华人民共和国行业标准. JTG D80—2006 高速公路交通工程及沿线设施设计通用规范[S]. 北京:人民交通出版社,2006.

[51] 中华人民共和国行业标准. JTG D80—2006 公路交通安全设施设计规范[S]. 北京:人民交通出版社,2006.

[52] 中华人民共和国行业推荐性标准. JTG/T D81—2006 公路交通安全设施设计细则[S]. 北京:人民交通出版社,2006.

[53] 中华人民共和国行业标准. JTG D82—2009 公路交通标志和标线设置规范[S]. 北京:人民交通出版社,2009.

[54] 交通部公路安全保障工程技术组. 公路安全保障工程实施技术指南[M]. 北京:人民交通出版社,2006.

[55] 交通部公路司. 新理念公路设计指南[M]. 北京:人民交通出版社,2005.

[56] 中华人民共和国行业标准. JTG E42—2005 公路工程集料试验规程[S]. 北京:人民交通出版社,2005.

[57] 云南省公路开发投资有限责任公司,等. 山区高速公路连续长下坡路段交通安全设计与施工指南[M]. 北京:人民交通出版社,2012.

[58] 吴京梅,何勇. 公路连续长大下坡安全处置技术[M]. 北京:人民交通出版社,2008.

[59] 吴京梅. 山区公路避险车道的设置[J]. 公路,2006,(7).

[60] 郭克清,徐希娟,金宏忠,等. 公路安全保障工程实用手册[M]. 北京:人民交通出版社,2007.

[61] 周荣贵,徐建伟,吴万阳. 公路连续长下坡路段的纵断面控制指标研究[J]. 公路,2004,(6).

[62] 郑蔚澜,白书锋,杨杰. 公路避险车道平均阻尼系数的研究[J]. 公路交通科技,2005,22(10).

[63] 杨少伟. 可能速度与公路线形设计方法研究[D]. 博士学位论文,长安大学,2004.

[64] 张建军. 连续长大下坡路段避险车道设置原则研究[D]. 硕士论文,合肥工业大学,2005.

[65] 刘小明. 八达岭高速公路事故多发路段的成因分析与对策研究[J]. 北京工业大学学报,2004.

[66] 刘倩文,陈永胜,刘小明,等. 长大下坡路段的安全分析与治理[J]. 道路交通与安全,2004(5).

[67] 刘立刚. 重型越野车鼓式制动器的有限元分析[D]. 硕士论文,华中科技大学,2003.

[68] 刘建华,张玉宝.汽车鼓式双向自增式制动器制动蹄板的强度分析[J].包头钢铁学院学报,1997,16(9).

[69] 刘牧众.汽车制动毂内表面温升计算[J].上海工程技术大学学报,1999.

[70] 袁燕,胡昌斌,沈金荣.山区公路长下坡路段载货汽车鼓式制动器温升规律数值分析[J].福州大学学报,2009,37(6).

[71] 沈金荣.山区公路长下坡路段避险车道设计研究[D].硕士学位论文,福州大学,2005.

[72] 杨文沅.避险车道路床设计参数颗粒离散元数值分析研究[D].硕士论文,福州大学,2012,4.

[73] 刘碧荣.山区长下坡公路避险车道设置的选址研究[D].硕士论文,福州大学,2008,9.

[74] 袁伟.鼓式制动器温升计算模型及其应用研究[D].硕士论文,长安大学,2003.

[75] 陈荫三,余强,马建.辅助制动实验研究[J].西安公路交通大学学报,2000,20(2).

[76] 陈渤.山区高速公路长大下坡路段避险车道设计方法研究[D].硕士学位论文,西南交通大学,2007.

[77] 陈建.盘式摩擦制动器温度场数值模拟及研究[D].硕士论文,燕山大学,1993,4.

[78] 陈兴旺.鼓式制动器温度场的研究[D].西安:硕士论文,长安大学,2006.

[79] 陈秉聪.土壤车辆系统力学[M].北京:中国农业出版社,1981.

[80] 郭应时,付锐,杨鹏飞,等.鼓式制动器瞬态温度场数值模拟计算[J].长安大学学报:自然科学版,2006,26(3).

[81] 郭应时,等.实验法求解鼓式制动器热对流换热系数[J].长安大学学报,2006,7(4).

[82] 贺玉龙,孙小端.紧急避险车道在美国山区公路上的应用[J].交通运输工程与信息学报,2005,3(3).

[83] 范翔.山区公路安全评价[D].硕士学位论文,长安大学,2006.

[84] 韦杰深,李迎春.山区高速公路避险车道的设计及应用[J].西部交通科技,2006,5.

[85] 王书灵.山区高速公路避险车道设计研究[J].道路交通与安全,2006,8.

[86] 王涛,朱文坚.摩擦制动器—原理、结构与设计[M].广州:华南理工大学出版社,1992.

[87] 王良模,彭育辉,曾小平,等.对双向自增力鼓式制动器蹄板有限元分析[J].机械科学与技术,2001,20(5).

[88] 王良模,孙刚,于鹏晓,等.鼓式制动器效能因数的计算研究[J].南京理工大学学报,1999.

[89] 王书伏,张江洪,王佐东.西高速公路避险车道设计[J].中外公路,2009(29).

[90] 钟宇翔,丁建明.被动防护系统在避险车道中的应用[J].现代交通科技,2007,4(2).

[91] 娄依志,周永平,王小群,等.避险车道上施救设备的研发[J].机械设计与制造,2005,(11).

[92] 施青团.云南山区长下坡道路安全评价和工程措施研究[D].硕士论文,昆明理工大学,2005.

[93] 孙智勇,刘会学,杨峰.高速公路避险车道的安全性评价.见:赵胜川,王生武,胡祥培编.交通物流:第六届(2006)交通运输领域国际学术会议论文集.大连:大连理工大学出版社,2006.

[94] 蒋京,夏群生,余志生.盘式摩擦制动器重复制动温度计算[J].汽车工程,1996,18(3).

[95] 胡功宏,高建平.山区高速公路长大下坡路段安全措施研究[J].陕西建筑,2007,33(9).

[96] 余国辉.汽车制动效能的热衰退[J].中南汽车运输,1997,(12).

[97] 黄健萌.制动器摩擦热温度场的数值模拟[D].硕士论文,福州大学,1999.5.

[98] 毛智东.鼓式制动器的三维有限元模拟及分析[D].硕士论文,华中科技大学,2002.3.

[99] 毛智东,王学林,胡于进,等.鼓式制动器接触分析[J].华中科技大学学报(自然科学版),2002.

[100] 周凡华,吴光强,沈浩,等.盘式制动器15次循环制动温度计算[J].汽车工程,2001,23(6).

[101] 周波.山岭重丘连续长下坡路段减速下坡车道研究与实验[D].硕士论文,兰州交通大学,2007,5.

[102] 马讯,秦剑.基于有限元法的制动毂的耦合分析[J].机械设计与研究,2005,2.

[103] 张健,卫修敬.车辆制动器制动力矩计算方法研究[J].江苏理工大学学报,1999.

[104] 张立军.汽车紧急制动时制动毂的有限差分计算[J].汽车技术,1992.

[105] 新立,任正立.鼓式制动器的热力学分析[J].辽宁汽车,1999,3.

[106] 李旭红.高承载能力减速器温度场及散热系数的研究[D].硕士论文,西安理工大学,2000,3.

[107] 李智,徐伟,王绍怀,等.不同成型沥青混合料的数字图像分析[J].土木工程学报,2003,36(12).

[108] 李世海,汪远年.三维离散元计算参数选取方法研究[J].岩石力学与工程学报,2004,23(21).

[109] 金龙祥,左仁广.长大下坡路段重型车辆刹车毂温度预测模型的建立与应用[J].铁路与公路设计,2011,31(3).

[110] 汪海年,郝培文,胡世通.粗集料形态特征研究与应用[J].公路,2008(10).

[111] 汪海年,郝培文,肖庆一.粗集料棱角性的图像评价方法[J].东南大学学报,2008,38(04).

[112] 汪海年,郝培文.粗集料二维形状特征的图像描述[J].建筑材料学报,2008,12(06).

[113] 张肖宁,李智,虞将苗.沥青混合料的体积组成及其数字图像处理技术[J].华南理工大学学报,2002(30).

[114] 肖源杰,倪富健,蒯海东.基于图像的粗集料形态对沥青面层抗剪性能的影响[J].郑州大学学报,2006 (04):8.

[115] 庄继德.汽车轮胎学[M].北京:北京工业出版社,1996.

[116] 庄继德.计算汽车地面力学[M].北京:机械工业出版社,2002.

[117] 孙其诚,王光谦.颗粒物质力学导论[M].北京:科学教育出版社,2009.

[118] 孙其诚,王光谦.颗粒流动力学及其离散模型评述[J].力学进展,2008,38(01).

[119] 孙其诚,王光谦.颗粒物质力学几个关键问题的思考[J].自然科学展.2008,18 (10).

[120] 徐泳,孙其诚,张凌,等.颗粒离散元法研究进展[J].力学进展,2003,33(2).

[121] 肖裕行,王泳嘉,王思敬.二维离散单元法接触处理的新算法[J].岩石力学与工程学报,1999,18(04).

[122] 邢纪波,俞良群,张瑞丰,等.离散单元法的计算参数和求解方法选择[J].计算力学学报,1999,06(01).

[123] 邢纪波,王泳嘉.离散元法的改进及其在颗粒介质研究中的应用[J].岩土工程学报,1996,12(5).

[124] 焦玉勇.三维离散单元法及其应用[M].武汉:中国科学院武汉岩土力学研究所,1998.

[125] 焦玉勇,葛修润.基于静态松弛法求解的三维离散单元法[J].岩石力学与工程学报,2000,19(4).

[126] 焦玉勇,葛修润,刘泉声.三维离散单元法及其在滑坡分析中的应用[J].岩土工程学报,2000,22 (1).

[127] 周健.土工细观模型试验与数值模拟[M].北京:科学出版社,2008.

[128] 张克健.车辆地面力学[M].北京:国防工业出版社,2002(01).

[129] 孙传夏.避险车道设置的研究[J].交通标准化,2008,6.

[130] 韦杰深,李迎春.山区高速公路避险车道的设计及应用[J].西部交通科技,2006,5.

[131] [美]L.鲁道夫.汽车制动系统分析与设计[M].北京:机械工业出版社,1984.
[132] 黄健萌.制动器摩擦热温度场的数值模拟.硕士论文,福州大学,1999.5.
[133] 张雨化.道路勘测设计[M].北京:人民交通出版社,1997.
[134] 余志生. 汽车理论[M].北京:机械工业出版社,1997.
[135] 李靖博.路段监控设施在高速紧急避险车道的应用[J].山西建筑,2014,40(15).
[136] 闫书明,等. 避险车道网索吸能系统[J].振动与冲击.2015,34(17).
[137] 汤乾斌,刘唐志,张恒.山区高速公路紧急避险车道驶入角研究[J].科学技术与工程,2015,15(8).
[138] 黄靖. 汽车碰撞过程中加速度特征对乘员损伤的影响分析[D].硕士论文,大连理工大学,2009,12.
[139] 张诗波,黄海波,李平飞.基于动力学的公路避险车道事故三维动态仿真[J].计算机工程与应用,2013,49(20).
[140] 潘兵宏. 避险车道入口处竖曲线半径最小值研究[J].公路,2011(6).